結婚したら知っておきたい
日本のしきたりBOOK

青木牧子

ある日の式田家

長男・理一郎が婚約者の里香を連れて実家に帰ってきました。

よく来たね里香さん。
理一郎、おばあちゃんに線香あげてきなさい

おばあちゃん、僕結婚するよ。結納とか、結婚式とか、よくわからないけど、なんとかなるよね
なんとかなる……？

えっ？
けしからん！
モク
モク
モク

お、おばあちゃん……!?
!?
モク
モク
モク
理一郎！
しばらく
会わないうちに
しきたりも
わからない大人に
なっちゃったのかい！
しきたりって
何すればいいか
よくわからない
しなあ
しょうがない
子だねえ。
我が家に伝わる
この本で
勉強するんだよ
あ、
ありがとう！
早速
読んでみるよ！

はじめに

「日本のしきたり」と聞くと、あなたはどんなことを思い浮かべますか？
結納？　七五三？　お盆？　なんとなく知っている単語が思い浮かんでも、実際に何をすればいいのか、どこに行けばいいのか、どんなものを準備すればいいのか、具体的なことはよくわからないという方が多いのではないでしょうか。

もうひとつだけ、質問をさせてください。
この本を開いてくださったあなたは、どんな日々を過ごしていますか？

もしかしたら、結婚を控えて「結納ってやった方がいいのかな？」と悩んでいるかもしれませんね。子どもが生まれて「どうやらお宮参りというものをしなくちゃいけないらしいぞ」なんて思っているかもしれません。

結納やお宮参りの他にも、日本には大切にされてきたさまざまなしきたりがあります。
本書は、日本に昔から伝わる慣習である「しきたり」をみなさんに知ってほしいと考えて上梓しました。特にしきたりを自分事として考え始める結婚をこれから控えた人、もしくはすでに結婚をしている人のことを思い浮かべながら書きました。

しきたりは、知らなくても生活に困ることはありません。
それでも「お世話になった方にお中元を贈りたい」「家族でひな祭りをして子どもの成長を祝いたい」「銀婚式を迎える両親をお祝いしたい」「親の葬儀の喪主をしっかりと務めたい」といった感謝やお祝い、お悔やみの気持ちを表現する場面は、人生の節目で必ず訪れます。

そうしたタイミングで、しきたりを知っているのとそうでないのとでは、できることに大きな違いが生まれます。

本書では、冒頭で登場したしきたりのことを何も知らずに結婚を決めてしまった式田理一郎・里香夫妻を主人公に、さまざまなしきたりを解説していきます。

しきたりや風習は、地域や家によって言い伝えや伝統、ならわしが異なります。また、近年はさまざまなしきたりが簡素化の傾向にあります。

地域や時代によって異なるしきたりですが、式田家の面々をひとつのモデルケースとしてしきたりに親しんでいただければ幸いです。

それでは早速、結婚にまつわるしきたりから見ていきましょう。

もくじ

第1章 結婚のしきたり

第2章 懐妊・出産のしきたり

第3章 子どもの祝い事のしきたり

第4章 弔事のしきたり

第5章 年中行事のしきたり

第6章 贈答・手紙のしきたり

装丁　大橋麻耶
本文デザイン　土屋和泉
イラスト　しょうぞう
DTP　横内俊彦

※本書で紹介している「しきたり」は、時代や地域、宗教、家風などにより言い伝えや解釈が異なる場合があります。

登場人物紹介

式田《しきた》 里香《りか》

アグレッシブで優等生タイプな31歳。自分とは真逆の性格の理一郎に惹かれ、結婚。理一郎同様、しきたりはわからないが、その場のノリでうまくいくと信じている。好きな動物は「コアラ」

式田《しきた》 理一郎《りいちろう》

少し気弱な32歳。たまたま行った街コンで里香の猛アプローチに遭い、結婚を決意。しきたりの「し」の字も知らない半人前。好きな言葉は「なんとかなる」

式田《しきた》 理淑《りよ》

10年前に79歳で他界した理一郎の祖母。生前は長年百貨店で勤めていたため、しきたりにはうるさい。好きな食べ物は「ぬれ煎餅」

式田《しきた》 諒太《りょうた》

理一郎と里香の子ども。好奇心旺盛で、大きな病気もなくすくすく育つ。本書では、0・3・7・13・20歳まで成長。将来の夢は「Youtuber」

式田《しきた》 理恵《りえ》

理一郎の母。近所でも有名な「世話焼き」で、いわゆる肝っ玉母ちゃんタイプな62歳。得意料理は「パエリア」

式田《しきた》 柳太郎《りゅうたろう》

理一郎の父。理一郎と似て気弱な62歳。妻の理恵には絶対に逆らえない。しきたりには自信がない。好きなテレビ番組は「徹子の部屋」

桐田《きりた》 昭子《しょうこ》

里香の母。4人の祖父母の中で一番孫の諒太を溺愛している56歳。好きなボードゲームは「ブロックス」

桐田《きりた》 史郎《しろう》

里香の父。長年司会業をやっていたこともあり、しゃべり好きな58歳。好きな日本酒は「獺祭」

第1章

結婚のしきたり

私の孫、式田理一郎と桐田里香さんが
結婚することになったよ。
親族一同大喜び。
この章では、結婚を決めた2人が婚約を
公表して、結婚式を挙げるまでに知りた
いしきたりを解説していくよ。

婚約

結婚を決めたら両親に報告して、結婚をすることを公表するんだよ。

婚約は周囲に公表して成立する

婚約とは、結婚の約束のことです。結婚の約束とは、多くの場合プロポーズをする・受け入れるなど、結婚の意思を夫婦になる2人が確認することで成立します。ただし、新郎新婦となる2人だけで決めれば婚約かというと、そうではありません。婚約とは、結婚の事実を周囲に公表することで、正式に成立するのです。結婚を決めたら、まずはお互いの家族に報告をしましょう。その後に、婚約の公表となります。

婚約の公表には、結納や婚約式、婚約パーティー、両家の食事会、婚約記念品の交換、婚約通知状など、さまざまなスタイルがあります。どのスタイルを選ぶかは、当人だけでなく、両親の意向も尊重しましょう。まずは、両家の顔合わせの機会を設け、両家の考え方を話し合いましょう。

婚約の公表スタイル

日本では、伝統的に結納が行われていましたが、近年では両家の顔合わせを兼ねた食事会が多くなっています。婚約通知状を送って、受け取った人に証人になってもらうこともあります。

食事会で両家が挨拶

レストランや料亭といった落ち着いたお店で、両家の家族が顔を合わせて挨拶をします。婚約する当人が場所や日程を決め、費用は両家で折半するのが一般的。あらかじめ両親の意向も確認しておきましょう。

食事会の流れ

男性か、その父親が進行役を務めます。挨拶と自己紹介↓乾杯↓家族紹介↓食事・歓談↓記念撮影↓結びの挨拶といった流れが一般的。婚約記念品があれば、家族紹介の後に交換しましょう。

婚約記念品の交換

男性から女性への記念品は、婚約指輪が多く選ばれます。ダイヤモンドか誕生石が定番です。女性からは、腕時計やスーツが多いようです。金額は決して無理せず、金額よりも思いを込めましょう。

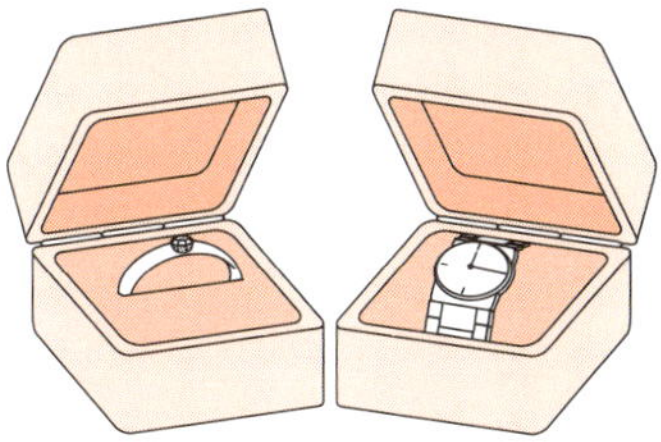

婚約指輪の発祥は、古代ギリシャ・ローマ

日本で婚約指輪が定着したのは、明治時代以降。古代ギリシャ・ローマで婚約の印として「鉄の輪」を贈っていたことに由来します。左手薬指につけるのは、心臓につながる太い静脈があると考えられていたため。

結納

結納は品物や順序に決まりがあるから、しっかりと頭に入れておくんだよ。

伝統的な婚約の儀式

結納は日本の伝統的な婚約スタイルです。両家が親族になることを祝い、婚約の証として金銭や品物を取り交わします。近年では、交換する結納品の品数を少なくしたり、仲人を立てない略式結納が主流になりつつあります。ただし、これは両家の両親の考え方が重要。事前に必ず確認しましょう。

正式な結納では、両家を往復して結納品や受書《うけしょ》を届けますが、略式ではどちらかの家か式場に集まります。ホテルや結婚式場では結納プランが用意されているところも多く、こうした場所を利用してもいいでしょう。

結納が終われば、祝い膳を囲み両家で食事をし、歓談します。当日の費用は両家で折半するのが原則ですが、一方が遠方から出向き、交通費がかかっている場合は、そうした費用も考慮して決めましょう。

正装で臨む

近年は略式結納が主流になっていることもあり、ほとんどの場合、男性はブラックスーツやダークスーツ、女性はワンピースかスーツ、もしくは振袖を着ます。

日取り・場所を決める

本人・両親・仲人がいれば仲人の都合がよい週末や祝日を選びます。日程は挙式の3～6カ月前が一般的で、時間帯は11～15時ごろを目安にしましょう。近年では、ホテルや結婚式場で行なうことが多いようです。

結納金は大きい位を奇数に

結納金とは、結納品の中の「金包」のこと。50万円、70万円のように大きな位を奇数にすることが多いようです。婚約指輪を結納金の代わりにすることもあります。

9品の結納品を準備する

長寿や家内繁栄といった願いが込められた9品目の結納品を用意します。最近では7、5、3品目など略式のケースも増えています。品目数も両家で事前に確認しておきましょう。

金銭は嫁方への保障の品だった

結納品に金銭が含まれるのは、結婚によって嫁方の家の働き手がいなくなる代償としての意味合いや、婿方の都合で婚姻が破綻した場合の保障といった意味が込められていたといわれています。

結婚式

いよいよ結婚式だね。両親とも考え方を確認しながら進めるんだよ。

慎重に協力しながら決める

挙式のみ、披露宴のみというケースもありますが、日本では多くの場合、挙式と披露宴を指して「結婚式」としています。

結婚式までには、決めなくてはならないことがたくさんあります。

まずは、夫婦となる2人が理想の結婚式のスタイルや費用、日程など細かなところまで話し合う必要があります。結婚式は両家の親の宗教観など、当人以外の考え方も重要です。両家の宗教が違う場合は、宗教と関わりのない人前式にするなど、配慮が必要です。

一方が強引に進めたり、一方に任せたりしてしまうと、トラブルのもとになりかねません。

衣装の試着や仲人（媒酌人）への依頼など、やるべきことをリストアップして、1つずつ慎重に進めていきましょう。

新婦は純白の衣装を纏う

新婦は、穢《けが》れのなさをあらわす白の衣装が一般的。キリスト教式では、純白のウエディングドレス、仏前式は白無垢など、挙式のスタイルによっても異なります。

披露宴に込めた意味

親族や友人を招いて結婚の報告をする披露宴。日本古来のしきたりではありませんが、現在では一般化しています。披露宴では新婦が新郎の家の色に染まる意味を込めたお色直しが行われます。

新婦の衣装を基準にする

新郎の衣装は新婦が洋装なら洋装、和装なら和装と格を合わせます。洋装の場合、夕方まではモーニング、夕方以降はテールコート（燕尾服）、夜はタキシードと挙式の時間によっても衣装を替えます。

憧れの海外挙式

日常から離れた美しい景色の中で挙式ができます。新婚旅行を兼ねる場合も多いのが特徴。手配や手続きが難しいため、専門業者へ依頼しましょう。

神前結婚式は明治時代以降に定着

神前結婚式は、古くからあるスタイルだと思われがちですが、明治33年に行われた大正天皇のご成婚の儀がきっかけといわれています。婿方の家以外で婚礼の儀式を行なうようになったのもこのときからです。

結婚式のスタイル

結婚する2人とお互いの両親が納得のいくスタイルを選ぼう。

好きなスタイルで挙げられる

挙式や披露宴にはさまざまなスタイルがあります。それぞれのスタイルによって、衣装や演出、場所などが変わります。まずは、結婚する2人が理想とする式のイメージを固めましょう。ウエディングドレスや白無垢など、女性は衣装に強くこだわりを持つ人もいますが、男性の意見も聞き入れましょう。

特定の宗教を信仰していれば、その宗教のスタイルで挙げてもいいでしょう。ただし、その場合は両家の親の意思も確認した上で決めたほうがいいでしょう。

結婚式のスタイルは、結婚する2人が結婚を誰に誓いたいのか、といった観点で考えてみてもいいでしょう。キリスト教の神様、神道の神様、仏様、ご先祖様、お世話になっている人たちなど、スタイルによって誓う相手が変わります。

三三九度の神前結婚式

神道の神様に玉串《たまぐし》を捧げ、結婚を誓います。大中小3つの杯で新郎新婦が順にお神酒をいただく「三三九度」の杯を交わします。ホテルや結婚式場の神殿など、神社でなくても挙げられます。

おごそかな仏前式

仏の前で結婚を誓う仏前式では、2人の結婚を先祖の霊に報告します。これは、「前世からの深いつながりが結婚する2人を引き合わせた」という仏教の考え方に基づきます。

キリスト教式

バージンロードをウエディングドレスを着て歩き、永遠の愛を誓い、結婚誓約書に署名します。退場時のフラワーシャワーには、花の香りで悪魔を寄せ付けない意味が込められています。

自由な人前式

キリスト教式や神前式などと違い、人前式は宗教とは関係がなく、自由な演出ができます。場所も自由に選べるため、結婚式場である必要もありません。個性的な挙式ができるのが魅力です。

三三九度は最高に縁起がいい

神式で行われる三三九度。3という数字は、中国の影響を受けています。中国では奇数である3は、縁起のいい数字とされ、それを3回繰り返し、より縁起のいい“9”にすることで縁起のよさを表しました。

披露宴

お世話になっている人たちを精一杯おもてなしするのが披露宴だよ。

招待客優先で考える

披露宴は、挙式以上にさまざまなスタイルや演出があります。列席経験が少ないと、どのような形式にしたらいいのか迷うかもしれません。

一番に考えるべきは、招待客のことです。披露宴とは招待客に向けて結婚の報告と、今後の末永い付き合いを願っておもてなしする宴です。招待客に心から楽しんでもらえるにはどうすればいいのか、2人で話し合って決めていきましょう。

招待客の年齢層が高いようであれば、和食を中心とした落ち着いたスタイルに。若い人が多い場合は、立食スタイルで招待客同士の交流が生まれるようにする。招待客同士で初対面の人が多い場合は席次が決めやすい中華スタイルにするなど、招待客の年齢、人数、属性を考えましょう。

ディナースタイル

コース料理が提供される格式あるスタイルです。落ち着いた雰囲気がありますが、新郎新婦とのコミュニケーションが自由に取れない、型にはまりやすいなど難点もあります。

ビュッフェスタイル

好きな料理を自分で取るカジュアルなスタイルです。招待客同士のコミュニケーションが取りやすいのが魅力ですが、立食のため年配の方には椅子を用意するなどの配慮が欠かせません。

友人・親族のサポート

受付や余興など、披露宴は友人や親族のサポートが欠かせません。受付は明るく礼儀正しい人、会計係は責任感が強い人など、それぞれ適任者を考えて依頼しましょう。謝礼も忘れずに。

両親への手紙

花嫁から両親へ今までの感謝を伝える手紙は、披露宴のメインイベントでもあります。花嫁の感謝の気持ちがより伝わるように、両親との具体的なエピソードを盛り込みましょう。

開宴を待つ間に出される「桜湯」

会場によっては、披露宴の開宴を待つ間に、塩漬けにした桜の花を湯に入れた「桜湯」が出されます。お茶が「お茶を濁す」に通じるため、縁起も見た目もいい桜湯が出されるようになったといわれています。

招待状

結婚式の2カ月前までには招待状を送るんだよ。

招待客をリストアップする

結婚式の日程や場所が決まったら、まずは招待客をリストアップしましょう。実際にリストアップしてみると、決定していた会場では人数がオーバーしてしまっていたり、逆に少ないために会場のレイアウトを工夫したりする必要が生じるなど、思わぬ事態になりかねません。

　最初に考えるべきは、主賓や会社の上司、親戚、恩師、親友といった絶対に参加してほしい人たちです。これらの人が決まったら、友人など、できれば招きたい人を考えます。人数は少し多めに選び、微調整します。

　新郎新婦それぞれの招待客は、なるべく同じ人数ぐらいに収めましょう。どうしても差がついてしまう場合は、多いほうが少ないほうの2割増しになるくらいの人数比にしましょう。

招待状の文面

招待状には、日時や会場、会場へのアクセス、新郎新婦の名前、返信の締め切り、仲人を立てる場合は仲人の名前を記載します。字に自信がなければ結婚式場に代筆をお願いできます。

招待状は会場に任せる

最近では手作りの招待状も人気ですが、日時やアクセスなどの情報や発送作業などを個人がやるのは難しいもの。なるべく結婚式場に任せましょう。

席札にメッセージ

披露宴会場のテーブルには、招待客の席次を示す席札があります。裏に招待客へのメッセージを書くことも。会社の上司や親しい友人など、感謝の気持ちを込めたメッセージを書くと喜ばれます。

引き出物にも縁起を

記念品とお菓子を組み合わせて、縁起のいい割り切れない3、5、7品を招待客に渡します。最近では数種類の中から招待客自身が選べるカタログギフトも人気です。

引き出物は馬を贈っていた

引き出物の起源は、平安時代。宴が終わると、主人が招待した客に馬を贈り、感謝の気持ちを伝えたことが始まりです。「引」には幸せが長引く、といった意味合いが込められています。

結婚費用

結婚式に新婚旅行、新居への引っ越し。新生活には何かとお金が必要だよ。

新生活を見越した費用検討

挙式や披露宴の平均額は約360万円。列席者からのご祝儀もあるとはいえ、新生活の準備や新婚旅行も含めると、多額の費用が必要です。まずは、2人で何を重視するのか、いくらなら費用を捻出できるのかを話し合って決めましょう。お互いの価値観を話し合い、1つずつ決めていくことが重要です。

2人での新しい生活がスタートする場面です。この機会に今後の家計や家族計画、貯蓄、両親のことなど、ライフプランを話し合ってみてはいかがでしょうか。お互いの価値観がぴったりと一致することは難しいでしょうが、人生において何を重視しているのかを確認ができると、その後も2人で事あるごとに協力しあうことができます。ともに暮らすのですから、短期・長期のライフプランを折に触れて話し合いましょう。

結婚式の費用（平均額）

結婚式359.7万円

〈内訳〉

●挙式		31.5万円
●料理・飲物		122.9万円
●スナップ写真		22.3万円
●ビデオ・DVD		18.9万円
●引出物	ひとりあたり	5,400円
●引菓子	ひとりあたり	1,300円
●衣装	ウエディングドレス	25.9万円
	カラードレス	23.6万円
	新郎	16.7万円
●別撮りのスタジオ撮影		15.5万円
●装花		17.4万円

※ゼクシィ調べ　2016年全国平均データ

会場選びのポイント

会場を選ぶ際には、必ず下見をして会場のスタッフと話し合いながら決めましょう。詳細な見積もりをとり、会場のアクセスや決まり事、料理の品質などを確かめながら検討しましょう。

ご祝儀の平均額

親族は約6万円、友人は約3万円とご祝儀にも平均額があります。地域によっても異なりますが、平均額は3・8万円といわれています。この金額を予算の参考にしましょう。

費用は新郎新婦の折半

結婚にかかる費用は夫婦での折半が原則です。夫婦になる間柄とはいえ、お金の管理にはシビアに目を光らせなければなりません。親からの援助やご祝儀も見込めるなら、予算に組み込みながら調整します。

仲人（媒酌人）

とてもお世話になるから仲人さんへの依頼とお礼は丁寧にするんだよ。

近年は頼まれ仲人が主流

かつては「仲人は親も同然」という言葉があるほど、仲人は重要な存在でした。仲人は婚約や結婚を取り仕切り、両家の間を取り持つ役割を担います。

仲人は関わる段階に応じて4種類に分類されます。縁談から挙式まで取り仕切る「本仲人」、縁談から婚約までの「下仲人」、婚約から挙式・披露宴までの「仲人」、挙式・披露宴当日だけの「頼まれ仲人」の4種類です。

近年では、仲人がいないケースか、頼まれ仲人が多く、頼まれ仲人のことを「媒酌人」ともいいます。

仲人は、2人もしくはどちらか一方のことをよく知っていて、信頼できる人にお願いします。新郎の親戚や上司に依頼することが多く、依頼する際には、何をお願いしたいのか、関わってほしい段階を明確に伝えましょう。

頼まれ仲人の役割

挙式に出席し、披露宴で2人の結婚を列席者に報告します。最近では、親族代表が代行したり、役割を省略したりすることが多く、仲人の有無は両家の親とも話し合って決めましょう。

依頼は手紙＋出向いて

仲人を依頼する場合、まずは手紙で婚約の報告と仲人の打診をします。その後、先方へ出向いて2人のプロフィールを記した身上書を渡し、口頭でも依頼します。

日取りの決定前に依頼する

仲人の依頼は挙式の日取りが決定する前に行ないます。結婚が決まったら早い段階で打診をし、仲人の都合も伺いながら挙式の日取りを決めましょう。

後日自宅へ伺って謝礼

仲人には謝礼を渡します。仲人が関わる段階によって金額が変わりますが、挙式・披露宴のみの場合、10~20万円くらいと交通費の「御車代」を後日自宅に伺って渡します。

縁談は仲人が取り仕切っていた

平安時代にはすでに結婚する男女の仲介者が登場しています。江戸時代以降、仲人の役割は重要になり、両家が経済的・社会的に釣り合うかを考えながら縁談・結婚の段取りを取り仕切っていました。

新婚旅行と新生活

楽しい旅行でもハメを外しすぎちゃいけないよ。

余裕を持ってプランニングする

新婚旅行は、結婚式や披露宴を計画する段階で一緒に計画しましょう。結婚式の後、すぐに出発してもいいですが、結婚式には多くの労力がかかります。結婚式後は一息ついて、2人の都合がいい日を選んで旅行を計画してもいいでしょう。

新婚旅行の行先は、休暇の日数や体調、予算などを基準に決めます。長い休暇が取れれば海外旅行、体調面に不安があれば国内旅行など、無理のない計画を立てられるといいでしょう。

海外旅行が人気ですが、結婚によって姓が変わる場合はパスポートを再申請する必要があります。パスポートの発行には10日ほどかかるので、新婚旅行の1カ月前には婚姻届けを提出し、パスポートの再申請をしましょう。

帰宅後は両親に挨拶

新婚旅行から帰宅したら、まずはお互いの両親に挨拶をします。お土産や旅行中の写真も持参し、結婚式から旅行までのお礼を伝えましょう。

最初の出勤はお土産を

新婚旅行中に仕事を代わってくれたり、結婚式でお世話になった職場の人には、お土産を渡しましょう。旅行で訪れた土地ならではのものを渡せるといいでしょう。

新居は慎重に決める

新居は希望のエリアや間取りを2人で話し合い、実際に物件を内見しながら決めます。一度決めかけた物件でも、時間帯を変えてもう一度見てみたりして冷静に吟味しましょう。

家財道具は徐々に揃える

新居が決まったら、必要な家具・家電をリストアップします。最初にすべて揃えるのも楽しいものですが、間取りや暮らしやすさを考えながら少しずつ揃えていきましょう。

日本初の新婚旅行は坂本龍馬

日本で初めて新婚旅行をしたのは、坂本龍馬とその妻お龍といわれています。1866年、坂本龍馬は寺田屋事件で傷を負い、湯治療養で鹿児島県の霧島を訪れました。

結婚記念日

銀婚式、金婚式は盛大に家族でお祝いしてあげよう。

それぞれのスタイルでお祝いを

結婚記念日はもともと欧米で親しまれてきた習慣でした。日本では、明治天皇が銀婚式を祝ったことをきっかけに、戦後にかけて普及しました。

夫婦2人で、または子どもや両親など親しい人と一緒にお祝いの席を設けてそれぞれのスタイルでお祝いしましょう。結婚25年目の銀婚式は銀製品、50年目の金婚式は金製品など、プレゼントにも定番の品がありますが、夫婦にとって親しみやすいプレゼントや形式でお祝いしたいものです。夫婦2人の好みを考えて、旅行や観劇、食事に誘うのもいいでしょう。

夫婦でお祝いするのであれば、パートナーへ、子どもからお祝いするのであれば、両親への感謝が一番伝わるお祝いの方法を考えて実行しましょう。

結婚記念日はいつ？

入籍をした日と挙式の日が違う場合、どちらを結婚記念日としても問題ありません。結婚記念日に決まりはないのです。入籍日でも挙式日でもなく、夫婦どちらかの誕生日や思い出の日に設定してもいいでしょう。

1年目は挨拶状を贈る

結婚1年目には、両親やお世話になった人、会社の上司などに結婚生活1年目の挨拶状を送ります。感謝の気持ちを書面で伝えましょう。

銀婚式・金婚式は盛大に

結婚25年目は銀婚式、50年目は金婚式といい、特別な節目としてお祝いをします。子どもが主催し、親戚や友人を招いた祝宴を開きます。当人が高齢の場合は配慮も忘れずに。

25th Wedding Anniversary

銀婚式御祝
子供一同

名称とお祝い品

銀婚式には銀のスプーンや銀を使った陶磁器などの銀製品、金婚式には、金のアクセサリーなど金製品を贈るのが一般的。夫婦の好みに合わせて、旅行券や食事券などを贈ってもいいでしょう。

結婚年数の呼び名と贈り物

欧米では、金婚式や銀婚式以外にも１年目は紙婚式、３年目は革婚式、10年目は錫（すず）婚式など結婚年数に応じた呼び名があり、それぞれ名称にちなんだお祝いの品が贈られています。

第2章

懐妊・出産のしきたり

里香さんに子どもができた！　式田家はお祝いムードだね。忘れちゃいけないのが、ここでもしきたり。懐妊・出産のしきたりは、子どもの健やかな成長と家族の発展を願って行われる大切な行事だよ。ひとつひとつのしきたりの意味を噛みしめながら、しっかりと成長を見守るんだよ。

帯祝い

里香さんのつわりも落ち着いてきて、そろそろ帯祝いをするころかな？

妊娠5カ月目の戌《いぬ》の日に行なう

妊娠5カ月に入った最初の戌の日に、安産を願ってお腹に帯を巻く行事が帯祝いです。お互いの両親や近親者を招いて、赤ちゃんを授かった喜びを一緒にお祝いします。戌の日は12日に一度巡ってきます。妊娠がわかったら、妊娠5カ月目の戌の日を調べてみましょう。戌の日には、安産祈願と帯祝いを一緒に行なうことが多く、神社が混雑します。妊婦の身体に負担がかからないように安産祈願と帯への祈祷は、戌の日を避けて事前に済ませておくのもいいでしょう。

水天宮や子安神社が安産の神様として有名ですが、地域の氏神様や近隣の神社にお参りしてもかまいません。両方お参りすることもよしとされています。妊娠5カ月は安定期に入る時期なので、友人など親しい人に妊娠の報告をするのもこの時期がいいでしょう。

帯は妊婦の実家から

お腹に巻く帯はさらしの布でできていて、「岩田帯」「腹帯」などと呼ばれています。帯は妊婦の実家から贈るのが一般的。デパートや参拝する神社などで購入できます。

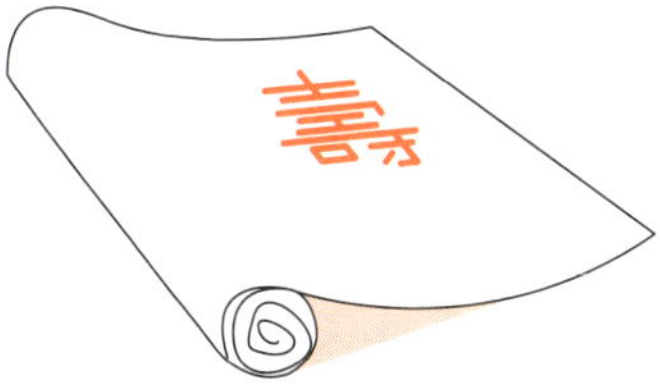

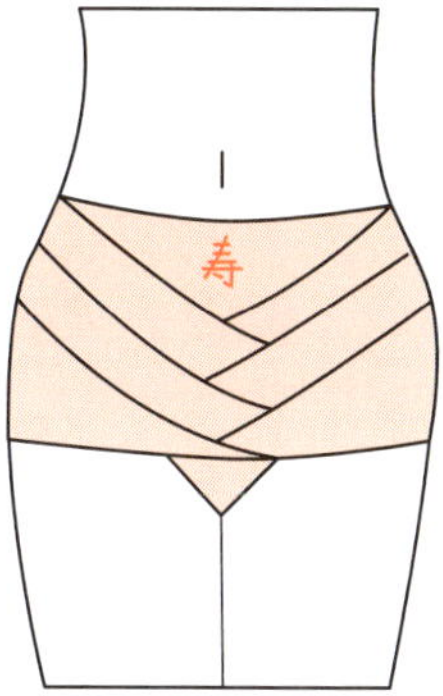

巻き方は産院で教わる

岩田帯の巻き方は、かかりつけの産院で教えてもらえます。事前に聞いておきましょう。帯はお腹を支える、冷え予防、赤ちゃんの発育を助けるなどの実用的な役割もあります。

祈祷をするなら正装を

神社で安産と帯への祈祷をしてもらうときは、神聖な場所なので正装をします。男性はスーツ、女性はお腹に負担のかからないフォーマルなワンピースなどを選ぶといいでしょう。

神社にお礼も忘れずに

祈祷料は、初穂料や玉串料と呼びます。相場は3千～1万円です。神社によっては帯の料金に初穂料も含まれているところがあるので、事前に確認するといいでしょう。

多産で安産な犬にあやかって戌の日に

昔は、お産で命を落とすことがありました。そこでお産が軽い犬にあやかり、戌の日にお参りするようになりました。また、古来より犬は霊獣として悪霊を防ぎ狐狸から子どもを守るとされています。

へその緒

母と子の絆として大切に保管する

へその緒とは、赤ちゃんと母親をつないでいる臍帯《さいたい》のこと。へその緒は妊娠中に母親から赤ちゃんへ酸素や栄養を送っている親子の絆です。命をつないでいたという神秘的な意味合いから、昔からへその緒を神棚などに飾り子どもの健康と成長を願っていました。また、子どもが大病したときに、へその緒を煎じて飲ませるとよいとも考えられてきました。

へその緒の長さは個人差がありますが、一般的に50～60センチほど。分娩後すぐに切ってしまいます。保管するのはその一部です。

保管用の箱は、産院で用意してもらえることもありますが、確認したうえで必要であれば事前に準備しておくといいでしょう。

へその緒を保管する習慣は外国人からするとてもめずらしく、日本以外ではほとんどみられない、独自の風習です。

桐箱は保管に最適

へその緒の保管には桐箱が広く用いられています。へその緒は湿気に弱いため、湿度を一定に保ってくれ、機密性が高く、防虫効果がある桐箱が長期保管に適しています。

乾燥させてから保管

へその緒は産後間もなくは、まだ赤ちゃんのおへそについていることがほとんどです。自然にとれるので、とれたら洗わずよく乾燥させて、ガーゼなどに包んで桐箱に入れて保管しましょう。

乾燥剤を一緒に入れる

桐箱に入れるだけでも十分ですが、へその緒に乾燥剤を添えてガーゼで包むと、さらに湿気対策になります。乾燥剤はお菓子の袋に入っているものでいいでしょう。

毎日観察する

新生児の肌はとてもデリケート。へその緒の扱いも産院で事前に聞いておき、へその緒やへそに異変がないか毎日観察します。異変があれば、医師に診てもらいましょう。

お守りとしての役目もあった

へその緒はお守りとしても重宝されていました。特に戦前は、男の子には戦争に行くときに無事に帰ってこられるように、女の子にはお嫁に行くときにお守り代わりに持たせていました。

お七夜

もうすぐ子どもが生まれて1週間。ちゃんと名前をつけてあげないとね。

名前を披露する初めてのお祝い

お七夜は赤ちゃんとその子につけた名前を親戚や近所の人たちにお披露目する、生まれて初めてのお祝いの行事です。「命名式」や「名づけの祝い」とも呼ばれています。

出生届を生後14日までに提出すればよいことや母子の健康状態で退院の時期が変わることもあるため、実際は7日目以降に行なうことが多いようです。

命名書に赤ちゃんの名前を書き、神棚や床の間に飾り、祝い膳を囲んでお祝いをします。神棚や床の間がない場合は、ベビーベッドや赤ちゃんの布団の枕元に命名書を飾ります。

昔は赤ちゃんの生存率が低く、1週間無事に過ごせると、あとは無事に成長していけるといわれ、盛大にお祝いしていました。現在は家族だけやお互いの両親を招くだけのお祝いがほとんどです。

命名
式田理一郎長男
諒太
平成二九年九月一日
平成二九年九月七日
父　式田理一郎
母　里香

寿
御産毛納器
御臍帯納器
命名

命名書の書き方

命名書は奉書紙または半紙を半分に折り、折り目を下にして縦に3つ折りにし、上の図のように書きます。略式は半紙1枚に、名前、生年月日、両親の名前、続柄を書きます。

できる範囲のお祝いを

生後7日ごろの赤ちゃんは、まだ生活のリズムが整っていません。母親も退院直後で産後の身体の回復が十分ではないので、無理のない範囲で準備とお祝いをしましょう。

へその緒とともに保管する

命名書は生後1カ月の床上げがすんだら、へその緒と一緒に保管します。「床上げ」とは母親の身体が産後の疲れから回復して、徐々に日常の生活に戻っていくことです。

江戸時代に庶民へ広まった

平安時代には、初夜、三夜、五夜、七夜、九夜と奇数の日に祝う「産立ちの祝い」がありました。江戸時代に七夜だけが残り、徳川家がこの日を公式行事として命名の儀を行ない、庶民に広まっていきました。

お宮参り

諒太はもうすぐ生後1カ月。氏神様にご挨拶をしないとだね。

生後30日前後にお参りする

赤ちゃんの健やかな成長と健康を願って、神社へお参りに行きます。

男の子は生後31日目、女の子は生後33日目にお参りをするのが一般的ですが、赤ちゃんと母親の体調を第一に考えて、日程は多少ずれてもかまいません。

先祖代々お参りしている神社があるなどの理由がない限りは、赤ちゃんがこれから生活をする地域の神社に参拝するのが一般的です。

赤ちゃんはお参りの際、男の子は鷹、鶴などの羽二重地《はぶたえじ》の五つ紋付、女の子は綸子地《りんずじ》やちりめんに花や鞠の柄をあしらった祝い着を着せます。祝い着は母親の実家が贈ります。ベビードレスを祝い着の代わりに着せる家庭も増えています。

参拝の間は、母親の身体を気遣い、父方の祖母が赤ちゃんを抱くのが習わしです。

服装はフォーマル

男性はスーツが一般的。女性は紋付の着物が基本ですが、生後間もない赤ちゃんを抱いたり、お世話をしたりするので、動きやすいスーツやフォーマルなワンピースでもいいでしょう。

祝詞《のりと》もあげてもらう

お宮参りの手順は通常の参拝と同じです。お参りだけでも十分ですが、宮司に祝詞をあげてもらいましょう。当日でも受け付けてくれる神社もありますが、予約をしておくと確実です。

赤ちゃんが泣いたら？

祝詞をあげている最中に赤ちゃんが泣いてしまっても、無理に泣き止ませようとしなくても大丈夫です。元気な泣き声には神様に赤ちゃんの存在を知らせる、という意味があります。

神社へのお礼

祝詞をあげてもらうときは、神社へのお礼を用意します。お金を祝儀袋に入れ、表書きは「御玉串料」、下には赤ちゃんの姓名を書きます。相場は3千～1万円です。

赤ちゃんの氏子入りの儀式

もともとは地域の氏神様に、赤ちゃんが氏子のひとりとなったことを報告する儀式でした。「産土神参り」とも呼ばれています。かつてお産は穢れと考えられていたため、母親の忌明けの儀式も兼ねていました。

お食い初《ぞ》め

諒太がこの先の人生で食べ物に困らないように、みんなでお祈りしようね。

一生食べ物に困らないように願う

お食い初めでは「食べる物に一生困らないように」との願いを込めて、赤ちゃんに初めて母乳（ミルク）以外の食べ物を食べさせます。生まれてから100日目に行なうのが一般的で、両祖父母を招いて家族でお祝いします。

祝い膳を用意し、祝箸を使って食べさせます。赤ちゃんは消化器官が未発達なので、本当に食べさせるのではなく、食べさせる真似をします。続いて、石のように丈夫な歯が生えるように「歯固めの儀式」が行なわれます。

この儀式で使う祝箸は末広がりで縁起のよい八寸の長さで、柳でできており両端が細くなっています。お正月などのおめでたい席でも使われます。

行事で使った祝い膳は家族で分けていただきましょう。鯛はそのまま食べたり、鯛飯にして家族にふるまうのもいいでしょう。

献立は一汁三菜

祝い膳の献立は一汁三菜で、赤飯とすまし汁（蛤のお吸い物）、尾頭付きの魚（鯛）、煮物、香の物が一般的です。お膳の真ん中には歯固めの儀式で使う小石を置きます。

男女で漆器の色が違う

使う椀や祝箸は新しいものを準備しましょう。漆器は男の子はすべて朱塗り、女の子は外側が黒塗りで内側が朱塗りのものを用意します。器や箸は母親の実家から贈るのが一般的です。

年長者が食べさせる

食べさせる役は、親族の中の年長者です。男の子は男性、女の子は女性がその役を担います。ご飯→お吸い物→ご飯→魚→ご飯→お吸い物の順番で食べさせる真似を3回行ないます。

歯固めの儀式

歯固め石に祝箸を軽くあててから、赤ちゃんの歯茎にそっと触れます。石は氏神の神社でもらうのが一般的ですが、川原などで拾った石でもかまいません。よく洗ったものを使います。

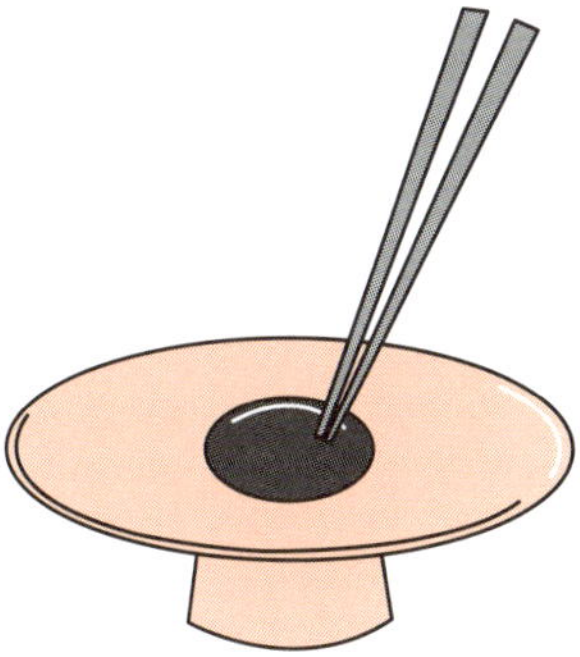

さまざまな呼び名がある

初めて魚を食べさせることから「魚味始（まなはじめ）」「真魚の祝い」と呼ばれていました。初めてお箸を使うことから「箸祝い」「箸初め」、100日目に行なうので「百日（ももか）祝い」とも呼ばれます。

初誕生祝い

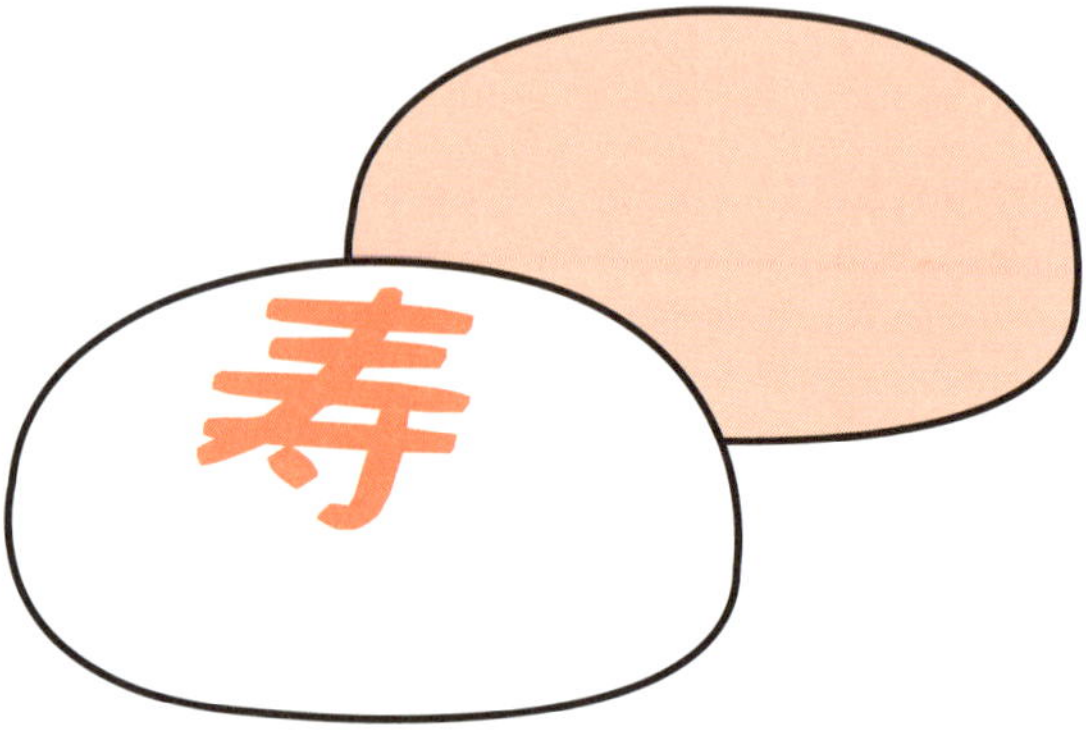
寿

諒太はよちよちと歩きはじめたね。お餅を背負って歩けるかな。

初めて迎える誕生日

生まれて初めて迎える誕生日。1年間無事、元気に育ってくれたことへの感謝とこれからのさらなる成長を願って、それ以降の誕生日とは違い盛大にお祝いします。この頃に、歩き始めることから「歩き祝い」と呼ぶ地域も。

お祝いの仕方は地域によってさまざま。広く一般的に行なわれているのは、一升分の餅（一升餅）を使った行事です。中には小さな餅をぶつけて転ばせたり、餅ではなく米を背負わせたりする地域もありますが、どれも子どもの健やかな成長を願っての行事です。

昔は医療や食事などが整っておらず、無事に1歳を迎えられることはとても喜ばしいことでした。産婆や親戚を招き、祝い膳や赤飯で盛大にお祝いをしました。現在は両祖父母を招き、祝い膳の代わりにバースデーケーキで祝うのが一般的です。

一生分の願いをこめる

一升餅は一升のもち米を使って作られる餅で、一升に人の「一生」をかけています。形は丸が一般的で、紅白の餅を用意する地域も。お祝いの後は、親戚や近所に配るのが習わしです。

背負ったり、踏んだり

早く1人歩きができるように餅を背負わせる「背負い餅」、地に足をつけてしっかり歩けるようにと餅を踏ませる「踏餅」など、地域によってさまざまな願いを込めた行事が行なわれています。

泣くほどに元気になる

餅を背負わせると餅が重くて泣いてしまったり、尻餅をついてしまう子どももいます。しかし、泣けば泣くほど元気になる、尻餅は厄が落ちるといった縁起のよい考え方がされてきました。

子どもの才能を占う

赤ちゃんが選んだものによって将来の職業や才能を占う「選び取り」という行事もあります。そろばんや電卓は商売の才、筆や鉛筆は芸術や物書きの才、財布はお金に困らないことを意味します。

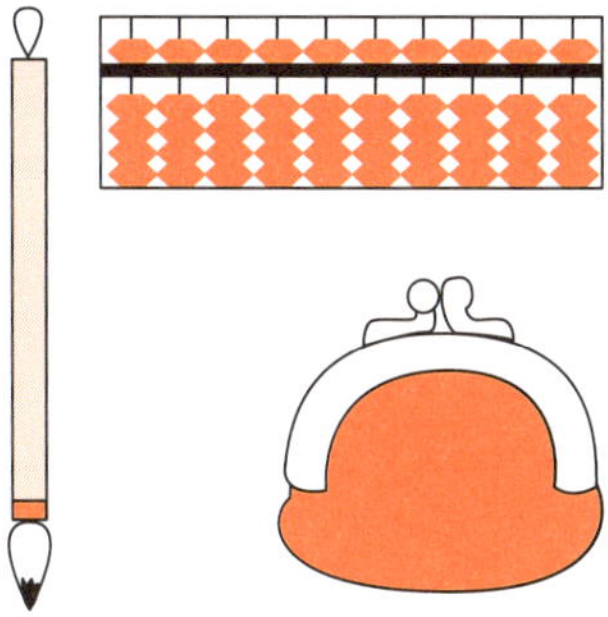

毎年お祝いはしていなかった

昔は新しい年を迎えるたびに「数え年」で年を取っていました。そのため、現在のように毎年誕生日のお祝いをしていませんでした。ただし、生まれてから1年後の誕生日には盛大にお祝いをしていました。

第3章

子どもの祝い事のしきたり

式田家の長男、諒太はすくすくと育っているよ。
おっちょこちょいでヒヤッとさせられることもある
けど、それも子育ての楽しみなのかねえ。
子どもの成長にもたくさんのしきたりがあるよ。
神社やお寺、地域の人たちにも見守られながら、
子どもは育っていくんだね。

初正月

諒太にとって初めてのお正月。破魔弓を用意しなくちゃいけないね。

魔除け、厄除けのお祝い

赤ちゃんが生まれてから初めて迎える正月を「初正月」といいます。昔は、子どもが成人まで無事に育つことが難しく、病気や災難から子どもを守るために、初めての正月を盛大にお祝いしていました。現在では、乳幼児の死亡率が低くなりましたが、今でも初正月には今後の健やかな成長を願う思いが込められています。

男の子には破魔弓を、女の子には羽子板を贈ります。破魔弓には、魔除けや厄払いの力があると信じられています。羽子板は、無病息災を願って飾られます。羽子板の羽には「むくろじ」という大木の種が使われています。これは漢字で「無患子」と書き、「子どもが患わない」という意味が込められています。

そのほか、凧を上げることでお祝いする地域もあります。

破魔弓と羽子板

魔除け・厄除けの願いが込められた破魔弓は男の子へ、無病息災の願いが込められた羽子板は女の子へそれぞれ贈られます。

母親の実家が買う

破魔弓や羽子板は、母親の実家から贈られるのが一般的。ただし、子どもの成長を願う気持ちを込めて、両家で半分ずつ出し合うという家もあるので、事前に確認するといいでしょう。

節句でも飾れる

破魔弓や羽子板は、12月中旬以降に飾り付け、1月15日頃にしまいます。縁起物ですので、ひな祭りや端午の節句で飾ったり、通年で飾ったりしてもいいでしょう。

実家以外にはお返しを

破魔弓などを実家からもらった場合、お返しは必要ありません。友人や親戚からであれば、お礼状かお返しを贈りましょう。紅白の花結びの水引で、表書きは「内祝」と「赤ちゃんの名前」を書きます。

子どもを魔から守る行事

初正月は、江戸時代から続く伝統的な風習です。12月10日頃までに生まれた子どもの行事として数えるのが一般的です。悪いものから子どもを守り、寒い冬を乗り越える意味合いが込められた行事です。

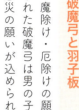

七五三①

子どもの成長を祝う七五三。諒太も千歳飴を楽しみにしているよ。

子どもの成長を祝う節目

七五三は子どもが無事に成長したことを祝う行事です。3歳、5歳、7歳になった年の11月15日に行ないます。この日に行なうのは、徳川5代将軍の綱吉が子どもの徳松の3歳のお祝いをしたことに由来します。子どもは晴れ着に身を包み、お参りをし、縁起物の千歳飴を買います。

お参りは、地域の氏神様を祀っている神社に行くのが一般的ですが、子どものお宮参りをした神社や有名な神社など、氏神様以外の参拝したい神社に行っても問題ありません。神社では、祝詞を上げてもらいます。事前に神社に確認すると、当日に混雑していて祝詞を上げてもらうまでに時間がかかるといったことを防げるでしょう。また、七五三参りを受け付けている神社かどうかは、インターネットなどで調べてみましょう。

11月15日以外でもOK

近年は11月15日にこだわらず、10～11月にかけての休日で、家族が揃う日にちに合わせる家庭がほとんどです。特に11月15日前後は神社が混み合うため、予定は柔軟に立てましょう。

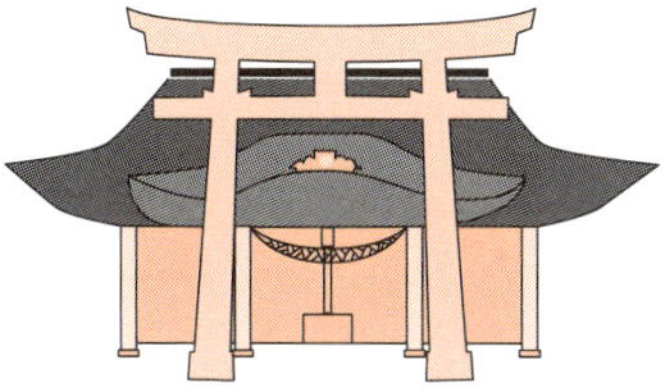

両親の服装

父親や祖父はダークスーツ、母親や祖母はセミフォーマルなドレスや着物、ワンピースが主流です。着物を着る場合は、普段から着なれていることが理想です。親族の服装は基本的に控えめに。

初穂料を払う

神社への謝礼金を初穂料と呼びます。5千～1万円が目安です。ご祝儀袋には紅白5本蝶結びの水引を使用し、表書きには「御初穂料」「御玉串料」と添え、子どもの名前を書いて渡しましょう。

お祝い金の内訳

近親者はお祝い金を贈ることが一般的とされており、5千～2万円程が相場です。最近では撮影費用や晴れ着代として事前に贈られることも。また、ギフトカタログや名入れの記念品を贈るケースも増えています。

七五三の成り立ち

明治時代になり、3歳の男女が髪を伸ばしはじめる「髪置き」、5歳の男子が初めて袴をつける「袴着（はかまぎ）」、7歳の女子が帯を使いはじめる「帯解き」と呼ばれた儀式が「七五三」として定着しました。

七五三②

3歳になった諒太。ついに七五三だね。

満年齢でお祝いする

七五三は、3歳と5歳の男の子、3歳と7歳の女の子がお祝いをします。昔は数え年でお祝いしていましたが、現在では満年齢で行われることがほとんどです。年の近い兄弟姉妹がいる場合は、上の子の満年齢に合わせて、下の子は数え年であっても一緒にお祝いする場合もあります。

お祝いをする年齢は、武家社会にルーツがあります。3歳は男女ともにおかっぱ頭から結髪へ変わる「髪置きの祝い」、5歳の男の子は初めて袴を着せる「袴着の祝い」、7歳になった女の子は帯の代わりに結んでいた紐を帯に付け替える「帯解き・帯直しの祝い」が行われていたのです。かつては7歳までの死亡率が高く、「7歳までは神のうち」ともいわれていたため、7歳まで成長できたことを祝う意味合いもありました。

3歳 髪置きの祝い

3歳は男女ともにお祝いする年齢です。女の子は肩揚げした晴れ着に帯を結ばず、被布と呼ばれるベストのような羽織を重ねてお祝いします。男の子は地域によっては3歳でお祝いをしません。

5歳 袴着の祝い

5歳は男の子の成長を祝います。羽織袴を装い、紋付の着物を羽織り、懐刀を構え、末広と呼ばれる白い扇子を持ちます。鷹や兜などの凛々しくめでたい柄を選ぶといいでしょう。

7歳 帯解きの祝い

7歳の女の子は振袖を着せる帯解きの祝いをします。肩揚げと腰上げをして帯を結び、ハンドバッグや扇子を持ち丸帯をつけることで、大人の一員として迎え入れられるという意味が込められています。

13歳には十三参り

十三参りは数え年で13歳になる女の子の健康と成長を祈って始まった行事。健やかに成長したことに感謝し、今後の発展と福徳を願い、菩薩のもとに参拝する慣例です。

十三参りに込められたご利益

初潮を迎える女子の厄払いとして、また13のつく日に13才になった子どもがお参りし、知恵と福徳を授かる風習として生まれた行事であるといわれています。「智恵もらい」「智恵参り」とも呼ばれています。

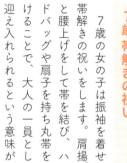

入園・入学祝い

諒太もついにピカピカの1年生。ランドセルは何色を選んだのかな？

ごく親しい人とお祝い

入園や入学は、子どもにとって大きな環境の変化であり、人生のターニングポイントにもなります。入園・入学祝いは、親族や関係の近い友人や知人を招いてパーティーを開きましょう。

お祝いの品を贈るのが一般的ですが、親族でなければ無理に贈らなくてもかまいません。

お祝いをする子どもが受験をしていた場合、あらかじめ合否は聞いておきましょう。それによってかけてあげるお祝いの言葉や手紙の内容が変わります。

また、入学祝いを贈る子どもに弟や妹がいる場合、弟や妹にもちょっとした贈り物ができるといいでしょう。

入園祝いの贈り物

色えんぴつやクレヨン、ぬり絵などの文房具や、幼稚園・保育園で使える弁当箱や水筒、本人が好きなおもちゃや絵本など、年齢や好みに合わせたものを贈りましょう。

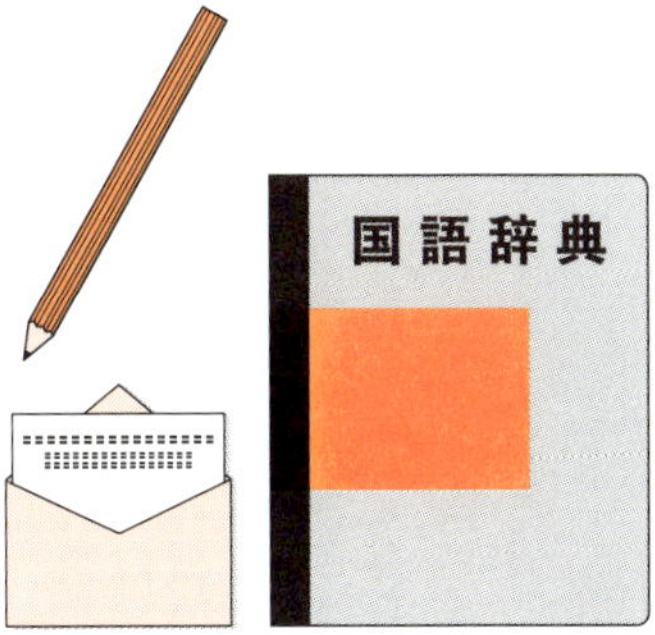

入学祝いの贈り物

文房具や辞書、図鑑、図書カードや文具券などのギフトカードも喜ばれます。文房具は、小学生には鉛筆や筆箱、中学生はシャープペンやボールペン、高校生は万年筆など年齢に合わせて選びましょう。

事前に学校の規則を確認

文房具や身のまわりの道具は、学校の指定や規則がある場合も。せっかくのお祝いに失敗のないよう、事前に学校の規則を確認しましょう。

金額の目安

小中高生は5千～1万円、大学生は1～2万円がお祝いの金額の目安です。お返しは不要ですが、お礼状は必ず出しましょう。子どもが小学生など小さいうちは、親が代筆しましょう。

お祝いが重複しないように

入園・入学のお祝いはランドセルや学習机といった長く使うものも喜ばれます。ただし、ほかの人からの贈り物と重複をしないようにあらかじめ両親に確認しましょう。

成人式・就職祝い

立派に成人した諒太。理一郎も里香さんも親としての役割を全うしたね。

成人式前にお祝いを

成人式のお祝いは、1月の初めから当日までか、20歳の正月や誕生日のどちらかに贈るのが一般的です。以前は成人式当日に渡すことがマナーとされていましたが、成人式当日は本人も忙しく過ごすことが多いため、事前に渡すほうがいいでしょう。特に女性は振袖の着付けに合わせて早朝から出掛けることも多いため、配慮と工夫が必要です。

学校を卒業し、就職する場合には、就職祝いを贈ります。就職祝いは本人の希望も聞きつつ、社会人になったときに役に立つアイテムを贈りましょう。社会人の先輩として、これから必要なマナーを説くために食事会を催してもいいでしょう。

就職が決まっていない場合は、「祝御卒業」と表書きに書いた卒業祝いを贈ります。

家族でお祝いする

20歳になったお祝いは、家族にとっても大切なイベント。家族写真を撮ったり、感謝の手紙や花束を贈り、みんなで集まって食事をするのはいかがでしょうか。

成人式の贈り物

成人式の贈り物として目安となる金額は親・祖父母からが1～5万円。おじやおばから姪・甥っ子が1～3万円、親戚や友人からが5千～1万円とされています。

就職祝いの贈り物

就職祝いには社会人になってから役立つものを贈りましょう。商品券や現金のほか、ネクタイや名刺入れ、アクセサリーや時計などが喜ばれます。就職と卒業の時期が重なった場合は就職祝いだけでいいでしょう。

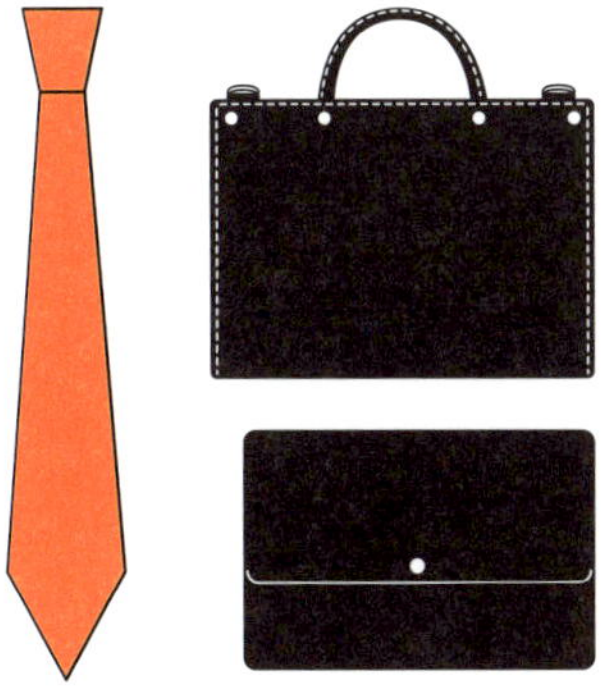

卒業祝いにすることも

就職が決まっていない場合は、卒業祝いを贈ります。本人が希望する品物を贈ることができればいいですが、わからない場合は現金や商品券を贈ってもいいでしょう。

かつては15歳で大人の仲間入り

武家社会では現在の成人式にあたる「元服の祝い」が数え歳の15歳で行われていました。儀式ではそれまで名乗っていた幼名から大人の名前に変わり、烏帽子（えぼし）という冠を被っていました。

第4章

弔事のしきたり

理一郎の父親の柳太郎が亡くなったよ。
残された家族にとっては、
悲しみにくれることも多いけど、
葬儀や法要をしっかりとできれば、
きっとあの世からも
家族を見守ってくれるからね。

末期《まつご》の水

柳太郎が亡くなって悲しいけれど、送り出すための準備をしっかりね！

故人との別れの儀式

死後の世界では食事をしたり、水を飲んだりすることができなくなります。末期の水は、飢えや渇きで苦しむことのないよう、安らかにあの世で過ごしてほしいという願いを込めて死者の口に水を含ませる儀式です。「死に水をとる」ともいわれています。

昔は息を引き取る直前に行なわれていましたが、現在では亡くなった後に行なわれています。

末期の水は医師から死亡の確認を受けたのち、自宅や病院、または遺体を安置する場で行ないます。病院や斎場では儀式に使う道具を用意してくれるところもあります。

ちなみに、仏教ではほとんどの宗派で行なわれますが、キリスト教ではこの儀式は行なわれません。

死後最初の儀式

人が亡くなると、故人を弔うための通夜・葬儀・告別式と次々と儀式が執り行われます。末期の水は、故人との別れを惜しみ、またあの世へ送り出すための最初の儀式です。

血縁関係の濃い順に

末期の水は、その場に居合わせた人の中で故人と血縁関係の濃い人から順に行ないます。配偶者、子ども、両親、きょうだい、孫、祖父母、配偶者の両親と続きます。

割り箸にガーゼを巻く

割り箸の先にガーゼでおおった脱脂綿をつけ、白い糸で縛ったものを用意します。このほかに、新しい筆やしきみ・菊の葉、鳥の羽を使うこともあります。しきみは仏事によく用いられます。

唇を軽く湿らせる

水を含ませたガーゼや筆を軽く唇に当てます。上唇↓下唇の順に左から右に唇をなぞるように行ないます。強く押しつけたりせず、唇を軽く湿らせる程度で大丈夫です。

お釈迦様が亡くなる前に水を求めた

末期の水の由来は仏典『長阿含経』にあります。お釈迦様が亡くなる前に水が欲しいと弟子に頼みました。しかし、その場には水がなく途方にくれていたところに、信仰の厚い鬼神が水を捧げたとされています。

死装束《しにしょうぞく》

亡くなった人の着衣

故人をきれいな姿で弔うのも遺族の役目だよ。

遺体を棺に収める前に、身支度を整えます。そのときに故人が着る服が死装束です。

遺体は末期の水のあと、アルコールで清め、髪をすき整え、爪を切ります。男性はひげを剃り、女性は化粧をほどこします。その後、死装束を着せます。昔はぬるま湯で身を清める「湯灌《ゆかん》」を行なっていましたが、現在はアルコールで身体を清める「清拭《せいしき》」がほとんどです。

白い木綿の経帷子《きょうかたびら》を着せるのが一般的ですが、故人が愛用していた洋服や着物、スーツを着せることもあります。神式では「神衣《かむい》」という白い小袖を着せます。

昔は遺族が湯灌から納棺までを行なっていましたが、現在は葬儀社などの専門の人が場を取り仕切ることが多くなっています。

あの世へ旅立つための衣装

足袋やわらじ、脚絆《きゃはん》、頭陀《ずだ》袋《ふくろ》、杖など、死装束の内容はまさに旅の支度です。仏教ではあの世へ行くまでを旅と考え、そのための旅立ちの衣装としてこれらを故人が身につけると考えられています。

死装束の例

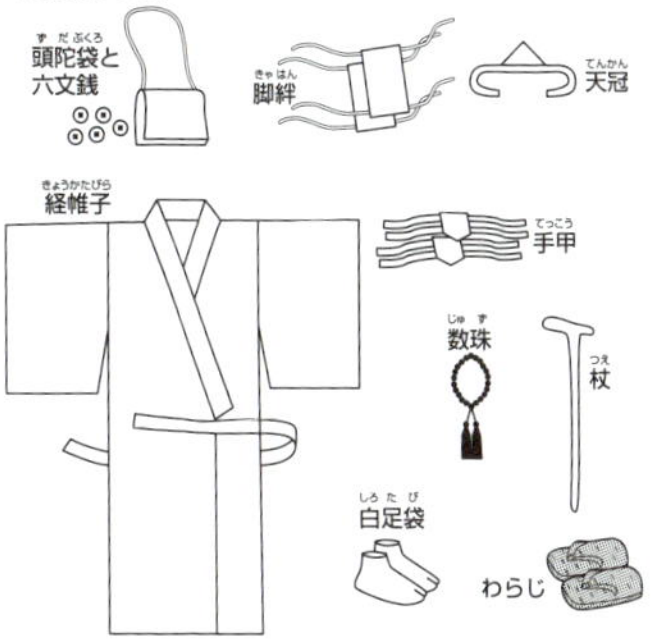
頭陀袋《ずだふくろ》と六文銭
脚絆《きゃはん》
天冠《てんかん》
経帷子《きょうかたびら》
手甲《てっこう》
数珠《じゅず》
杖《つえ》
白足袋《しろたび》
わらじ

三途の川の渡し賃

頭陀袋に入れる六文銭は、三途の川の渡し賃といわれています。昔は本物のお金を直接縫いつけていましたが、現在では火葬で残らないように、印刷したお金を入れることがほとんどです。

合わせを逆に着せる

経帷子は通常の着物とは合わせを逆にして着せます。その理由は諸説ありますが、死後の世界をそれまでの世界と生と死が真逆にある世界と捉えることから、死後は右前にすると考えられています。

白は死や巡礼者を意味する

死装束が白一色なのは、白が死を意味することからきているといわれています。また、巡礼者の着衣が白いため、穢れのないまっさらな状態で旅立つためなど諸説あります。

棺に使われる木材

棺には、ヒノキや桐、布張りなどの素材が使われます。ベニヤの合板製のものは3万円前後からあり、一般的な棺は10万円台です。ヒノキ無垢材を用いた100万円以上の棺もあります。

通夜

たくさんの人が柳太郎との別れを偲んでくださって、ありがたいことだね。

故人と親しい人が別れを偲ぶ

通夜は、葬儀の前夜に遺族や故人にゆかりのある人たちが、最後のお別れをするために行なわれます。

かつては近親者のみで行なわれていましたが、現在では葬儀や告別式に参列できない弔問客も通夜に参列することが一般的になっています。

通夜の日程は火葬場や葬儀場の手配、そのほかの準備の都合によって決めます。日程が決まったら、速やかに故人と関わりのある人へ知らせましょう。親しい人へは電話などで直接知らせます。

通夜は読経からはじまり、僧侶の合図で喪主から配偶者、子ども、両親、孫、きょうだい、知人・友人の順で焼香を行ないます。その後、通夜ぶるまいが行なわれます。

男女ともにフォーマル

通夜での遺族の服装は略礼装が一般的です。男性はダークスーツかブラックスーツに黒のネクタイ。女性は黒無地の紋付または、長袖のワンピースかアンサンブルでメイクもナチュラルにします。

儀式中の挨拶は目礼で

慰問客の出迎えや対応は基本的に世話役に任せます。通夜の最中は目礼だけの対応でも失礼にはなりません。どうしてもという場合は、短い言葉でお礼を述べましょう。

北枕はお釈迦様由来

仏式では遺体の頭を北に向けて安置します。これはお釈迦様が亡くなったときに、頭が北を向いていたことに由来します。「北枕は縁起が悪い」といわれているのは、死を連想させるからです。

通夜ぶるまい

通夜の後は、僧侶や参列者に酒や軽食をふるまう「通夜ぶるまい」を行ないます。お酒は塩と同じく死の穢れを清めてくれます。参列した場合は断らず一口でも口をつけるのがマナーです。

夜通し火を絶やさずに遺体の番をした

通夜では夜通し明かりを絶やさないようにするのが習わしです。昔は死者の魂を悪霊から、遺体を獣から守るために夜を徹して遺体を守っていました。現在では夜のうちに終了する「半通夜」が主流です。

葬式

理一郎、悲しみもあるけれど遺族としての務めもしっかりね！

葬式と告別式の意味合い

葬式と告別式は本来は異なる儀式です。葬式は故人がこの世にお別れをする儀式。遺族や近親者などが参列します。告別式は遺族や知人が故人に別れを告げる儀式。こちらは友人や近隣の人など遺族以外の人も参列する儀式です。現在ではこの2つを分けずに行なうことが多いようです。

葬式は亡くなった翌日以降に行ないます。また、友引に葬式を避ける風習がありますが、この日は火葬場が休館日となっていることが多いです。

葬式では正礼装が基本です。男性の正礼装はモーニングか紋付の袴ですが、近年ではブラックスーツが一般的です。女性は黒無地の紋付か長袖のワンピース、またはスーツを着用します。

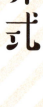

葬式の席次

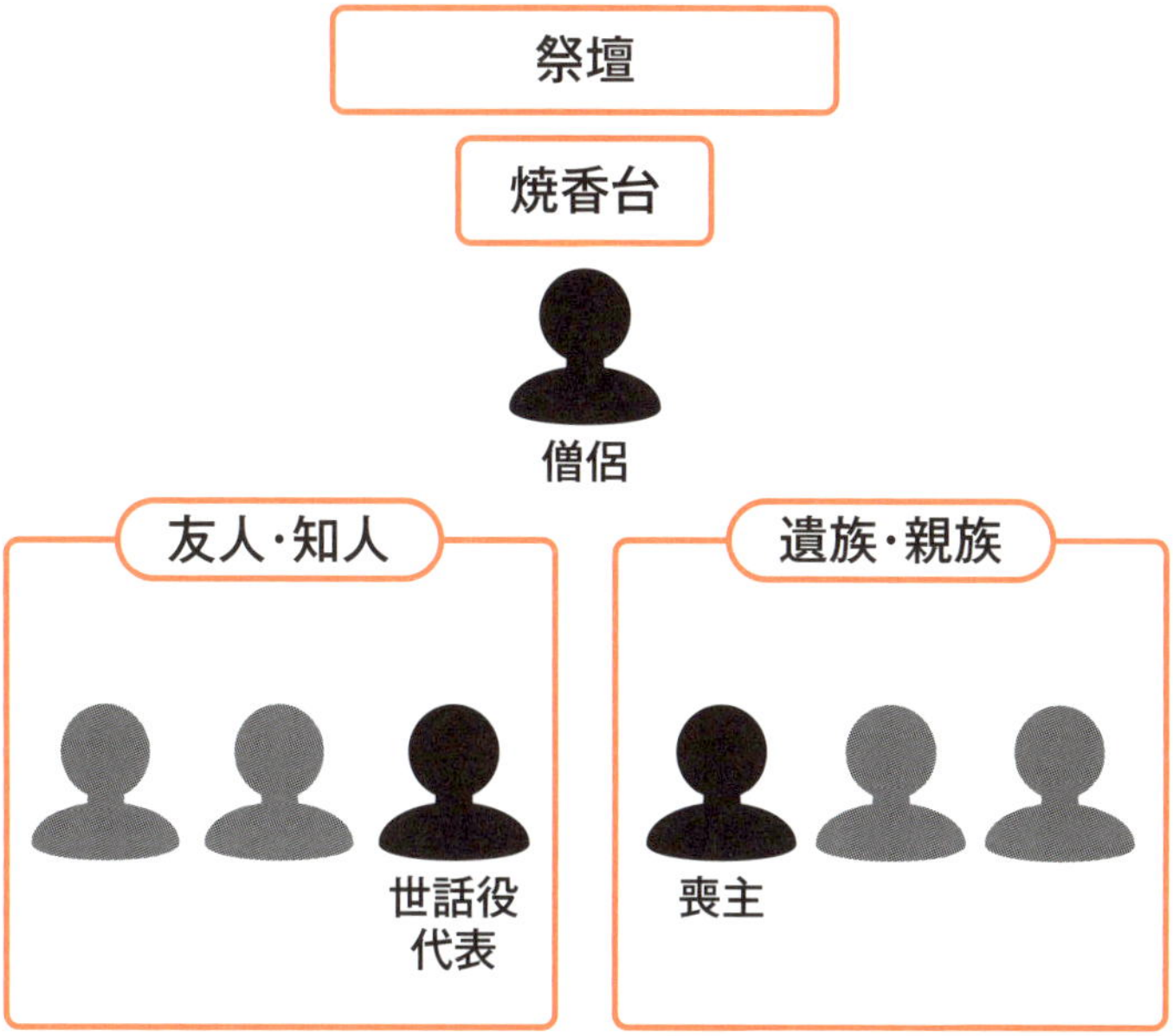

祭壇に向かって右側に遺族、左側に友人、知人が座ります。

喪主は故人と縁が深い人

一般的には配偶者が喪主を務めます。配偶者がいない、病気などで務めるのが難しい場合は子ども、きょうだいの順で、故人と縁が深い人が喪主になります。喪主は通夜の前には決めます。

世話役は通夜の前に決める

通夜から葬儀・告別式まで一連の実務を遺族の代わりに取り仕切る世話役は、通夜の前に決めて依頼をします。親戚や信頼できる年長者に世話役の代表を務めてもらいましょう。

葬式を取り仕切る地域の組織

現在では、葬儀社に依頼をし葬儀を行なうのが一般的ですが、昔は葬式組といって近所の人が作る地域の葬式を取り仕切る組織がありました。現在でも、町内会などの地域住民が中心となる地域もあります。

焼香

焼香は宗派によってもマナーが違うから気をつけよう。

穢れを落として、故人の冥福を祈る

身の穢れを落とし、清らかな心と身体で故人の冥福を祈るために行なうのが焼香です。香は粉状にした抹香か、棒状の線香を用います。式場によって、立礼焼香、座礼焼香、回し焼香があります。

焼香は左手に数珠をかけて、右手で行います。右手の親指・人差し指・中指で抹香をつまみ、額の高さまで上げ、こすりながら焼香炉へ落とします。これを1〜3回行ないます。回数は宗派によって異なります。左ページのイラストも参考にしてください。

回し焼香は盆に載せられた焼香炉を参列者が回します。受け取った焼香炉を自分の前に置き、焼香が済んだら隣の人に回します。

回数は宗派によってさまざまですが、故人へ心を込めて祈るということで1回、線香ならば1本が一般的です。

焼香の手順

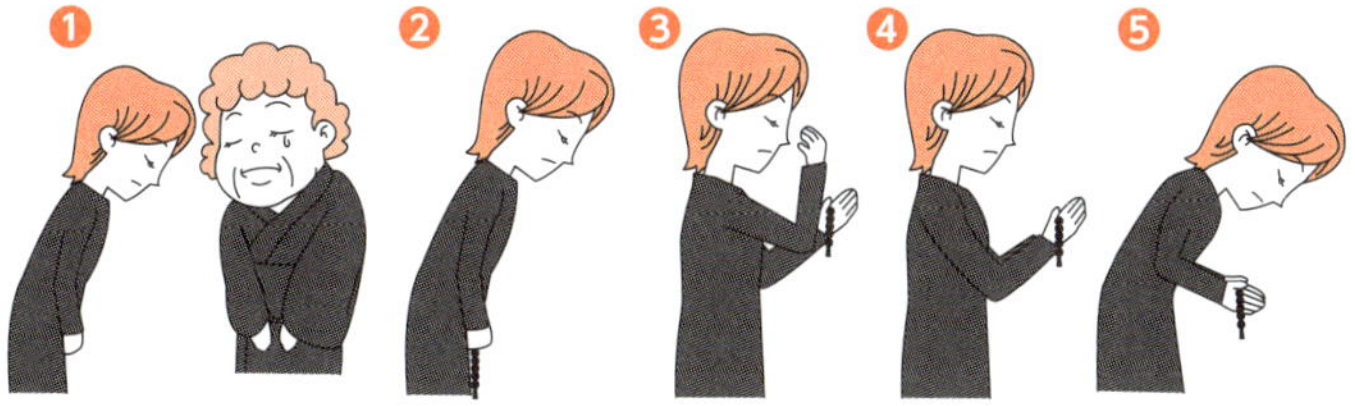

焼香は喪主から

焼香の順番は、喪主からはじまり、故人と関係の深い順に続いて行ないます。実際の葬儀では席次がこれにならっていますので、焼香の順番も同様になります。

線香はあおいで消す

線香は右手で持ち、ろうそくで火をつけ、左手に持ち替えて右手であおいで火を消し、右手に持ち替えて香炉に立てます。息を吹きかけて火を消すのはマナー違反です。

数珠は宗派に合わせる

数珠は宗派によって色や形が違います。自分の宗派に合ったものを用意しますが、最近では日蓮宗以外のどの宗派でも使える略式数珠も多く用いられます。数珠は必ず持たなければいけないものではありません。

遺体の匂い消しに使われていた

香は身を清める以外にも、遺体の腐敗を防ぐ技術が未発達だった頃には、遺体の腐敗臭を消し、害虫から守るなど実務的な役割も担っていました。また、邪悪なものから守るという霊的な意味もあります。

戒名

仏教の中でも日本だけの風習

戒名は大事なあの世での名前。柳太郎も立派な戒名をいただいたね。

戒名とは、仏の弟子になった証に授かる名前です。2文字であらわされ、仏の世界では誰もが平等という意味合いが込められています。

仏教では厳しい戒律を守り、仏門に入ることを「受戒」といいます。本来戒名は受戒したときに授かり、出家した修業者に対して生前に与えられますが、現在では死後特例で仏の弟子としてあの世に送り出す「没後作僧《もつごさそう》」として、名前を与えられます。

亡くなったら、通夜の前に葬式をお願いする菩提寺《ぼだいじ》の僧侶に戒名の依頼をします。戒名の位は戒名料で変わりますが、10～60万円の間が相場です。この戒名料はお布施の金額に上乗せして一緒に渡します。

浄土真宗では「法名」、日蓮宗では「法号」と呼びます。また、戒名は仏教の中でも日本独自の風習です。

戒名の内訳

○○院
院号：社会的に多大な貢献をした人につけられる

△△
道号：戒名の上につけられる２文字の名前

××
戒名：仏の弟子になった証に授かる２文字の名前

居士
位号：仏教徒としての位をあらわす。性別や年齢、地位により異なる

性別と年齢で異なる位号

位号は性別や年齢で変わります。男性は大居士・居士・禅定門・清信士・信士。女性は清大姉・大姉・禅定尼・清信女・信女。子どもは童子・童女、孩子・孩女、嬰子・嬰女が用いられます。

地位や身分で格分け

昔は、生前の地位や身分で戒名が格分けされていました。またお寺への貢献度や信仰の厚さによっても異なりました。現在は戒名料として渡す金額によって変わるようです。

日本一長い戒名

徳川家康の戒名は日本一長いといわれています。その戒名は「東照大権現安国院殿徳蓮社崇誉道和大居士」と 19 文字もあります。

位牌

供養の際に使われる仏具

位牌とは故人の戒名を記した木牌のこと。節目ごとの法要やお盆、お彼岸、毎日朝晩の供養に用いられる仏具です。普段は仏壇に安置されます。

位牌には戒名と没年月日、俗名（生前の姓名）、行年（享年）を記します。そしてそこに故人の魂を入れる「開眼供養」が僧侶によって行なわれます。戒名の依頼とともに、この儀式の依頼も済ませておきましょう。位牌にもさまざまな種類があります。菩提寺にどれを選んだらいいのか相談しましょう。

また、先祖代々からの位牌がたくさんある場合は「〇〇家先祖代々之霊位」として1つにまとめたり、上部が箱型になっている回出《くりだし》位牌（繰出位牌）に先祖の戒名を記した木札を納めます。

白木と塗り位牌

葬儀と忌明けでは使用する位牌が変わります。葬儀で使用されるのは、白木の位牌。忌明け後に仏壇に安置するのが本位牌。本位牌には漆塗りや黒檀・紫檀で作られた唐木位牌などがあります。

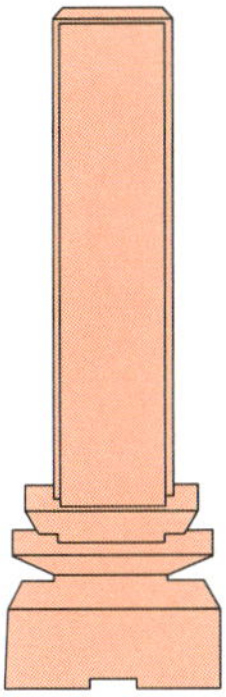

位牌分けをする地域も

基本的には位牌は1つです。しかし、地域によっては子どもの数だけ位牌を作る「位牌分け」という風習があります。家族やきょうだいが遠距離に住むために、分けることもあるようです。

本位牌と仏壇の準備

本位牌は亡くなって間もなくは必要になりませんが、忌明けの四十九日法要で本位牌に魂入れを行なうので、それまでには準備をしておきましょう。位牌を安置する仏壇も同様に準備します。

位牌を新調するときは

古く痛んでしまった位牌を新しくするときには、古い位牌から新しい位牌に魂の移しかえを行ないます。僧侶に依頼をし、古い位牌は菩提寺に収めてお焚き上げをしてもらいます。

位牌は檀家制度が発祥

位牌は江戸時代の檀家制度によって庶民に広まっていきました。家が所属するお寺を決められ、その檀家になります。そこで祖先を供養する仕組みができあがり、供養に位牌が使われるようになりました。

お布施

供養していただいたお礼はしっかりとしなきゃいけないよ。

読経や戒名をいただいたお礼

お布施とは、葬式や法事などでお経を読んでいただいたお礼として僧侶に渡すお金です。葬儀では祭壇の飾りや供物の配置の確認、読経をふくめた通夜、葬儀、告別式のすべてを僧侶が取り仕切ります。

神式での神官の役目もこれと同じです。神式の場合、お布施ではなく、「御《お》祭《さい》祀《し》料《りょう》」となります。

仏式の葬式では、僧侶が1人で読経する場合と、複数人で読経をする場合があります。複数人の場合、最も位の高い僧侶に渡すお布施を1人分とし、残りの補助役の僧侶は半額と考えてお布施を渡します。

お布施を渡す際は、真新しいお札を用意しましょう。清潔なものを渡す心遣いが大切です。

金額に決まりはない

お布施の金額には、宗派や地域によって違いがあり、特に決まりはありません。お寺に直接聞いても失礼にはなりませんが、まずは親戚や葬儀社の人に相談するといいでしょう。

切手盆にのせて渡す

お布施は葬儀や法要が始まる前か、終わった後に渡します。直接手渡しをするのではなく、切手盆と呼ばれる小さなお盆にのせて渡します。切手盆がない場合は、小さなお盆かふくさを使います。

一重の封筒に「御布施」

水引のない封筒に、御布施、その下に喪主の名前を書きます。封筒は「不幸ごとがかさならない」ように一重のものを用意します。お金はお札の表面が表書き側にくるように入れます。

お車代の準備も忘れずに

僧侶に斎場や自宅に出向いてもらう場合は、御布施のほかに「御車代」を渡します。また、通夜ぶるまいや法要の会食を行わないときや、辞退されたときは「御膳料」も。5千～1万円が目安です。

3種類の布施

三施という考え方が仏教にあります。信者が僧侶に金銭を渡す「財施（ざいせ）」、僧侶が仏教の教えを説く「法施（ほうせ）」、僧侶が恐れを取り除く「無畏施（むいせ）」を総称したものです。

出棺

いよいよ最後のお別れのときだね。

故人の顔を見て最後のお別れ

葬儀・告別式が終了すると、いよいよ遺体は火葬場へ向かいます。

祭壇から棺がおろされると、ふたが一旦開けられて、故人と直接対面して別れを告げる時間になります。このとき、祭壇に供えられた花などを遺族や参列者で遺体のまわりにしきつめる「分かれ花」をします。故人が愛用していた物や思い出の品、写真などを入れることもあります。

その後、ふたが閉められ「釘打ちの儀」を行ない、棺を霊柩車に乗せると喪主が出棺の挨拶をします。この挨拶では、参列いただいた方たちへ、故人との生前の交友へのお礼や今後の遺族への支援のお願い、参列者に対するお礼などを述べましょう。

棺を運び出すとき、霊柩車に納めるときは遺体の足側が先にくるようにします。

位牌と遺影

出棺の際には、喪主が位牌を持ち、そのほかの遺族の中で血縁関係の近い人が遺影を持ちます。遺体の入った棺は、故人と関係が深い親族や友人などの男性6人くらいで持ち、霊柩車へ運びます。

釘打ちの儀

棺のふたが閉められると、血縁者が棺に途中まで打ちつけられた釘を石で軽く2回打ち込む「釘打ちの儀」が行われます。昔はふたがずれないように行なわれていましたが、現在では省略されることも。

金属は入れない

棺には思い出の品を入れることがありますが、火葬するときに残ってしまう金属のついたものなどは入れないようにしましょう。本などは途中のページを折るなどして燃え残らないようにします。

霊柩車のクラクション

出棺後、霊柩車が火葬場へ向かうときにクラクションを鳴らします。これにはお別れの合図や、皇族の葬儀の際の雅楽の音、一番鶏の鳴き声を模しているなど諸説あります。クラクションを鳴らさない場合もあります。

荼毘《だび》にふす、は外国語から

火葬することを仏教では「荼毘にふす」といいます。語源はパーリー語で火葬を意味するjhapeti、サンスクリット語のdhyapatatiの音が由来といわれています。また、祭壇飾りをしない葬儀を荼毘葬といいます。

香典

御霊前

香典をいただいた方々へ、お礼の挨拶を忘れないようにね。

金額は故人との親しさで変わる

死者の霊に手向ける香の代金として渡すのが香典です。金額は故人や遺族との関係の深さや年齢、社会的地位などによって変わります。一般的に、故人のきょうだいは3～5万円、祖父母やおじ・おばは1～3万円、仕事の関係者は5千～1万円、友人や近隣の人は5千円が相場です。

新しいお札は前々から用意していたようで失礼にあたるという考えから、古いものや新札に折り目をつけます。ただし、人に贈るものなので、清潔できれいなお札を入れるようにしましょう。

香典を送られた側は香典返しをします。送られた金額の半分から3分の1程度の海苔やお茶などの品物を忌明け（P84参照）に挨拶状とともに贈ります。現在では、葬儀終了後に直接渡すことが多くなっています。

受付で記帳後に渡す

参列者は香典を受付で渡します。受付に着いたら、挨拶をし、記帳後にふくさから不祝儀袋を取り出して、名前が相手から読める向きで両手を添えて渡します。

通夜か葬式のどちらかで

香典は通夜か葬式いずれかで渡します。両方に参列する場合は、どちらかで渡し、一方では記帳だけします。2回渡す必要はありません。

郵送をしてもよい

通夜や葬式に参列ができない、また葬式が終わった後に訃報を知った場合、香典は郵送してもかまいません。不祝儀袋《ぶしゅうぎぶくろ》に入れ、お悔やみの手紙を添え、現金書留の封筒に入れます。

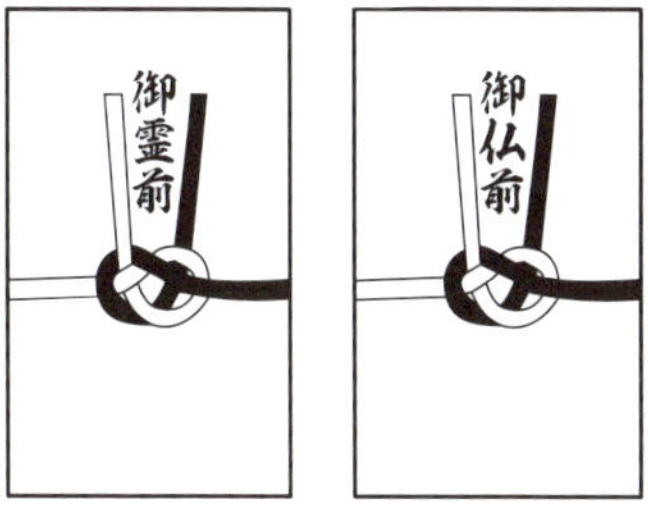

香典袋の書き方

香典には結びきりの不祝儀袋を使います。表書きは、どの宗派にも使える「御霊前」。仏式では四十九日法要後からは「御仏前」と書き、下に名前を書きます。一般的には薄墨を使います。

「香を供える」から転じて

昔は弔問客ひとりひとりが香を持参して参列していました。しかし、いつしか葬儀には多額の費用がかかることから、現金を包むようになりました。

忌中と忌明け

忌中と喪中、似ている言葉だけれど、しっかり使い分けよう。

喪に服する期間で使い分ける

死者が出た家族は一定期間、喪服を着て日常とは異なった生活をする習わしです。これを「喪に服する」といいます。

忌中は49日、喪中は故人との間柄で期間が変わってきますが、1年が一般的な期間です。「死は穢れ」とされていたため、その穢れを祝い事などにもちこまないようにするための期間が忌中とされています。それに対し、故人を偲んで過ごす期間が喪中です。

昔は忌中の期間は外部との接触を絶ち、死の穢れがほかの人へ移らないように家にこもって過ごしていましたが、現在では個々人の判断によるところが大きくなっています。

また、忌中の期間が終わることを「忌明け」といい、忌明け法要が行なわれるほか、多くの地域で遺骨の埋葬や納骨をこのタイミングで行ないます。

喪中は2親等まで

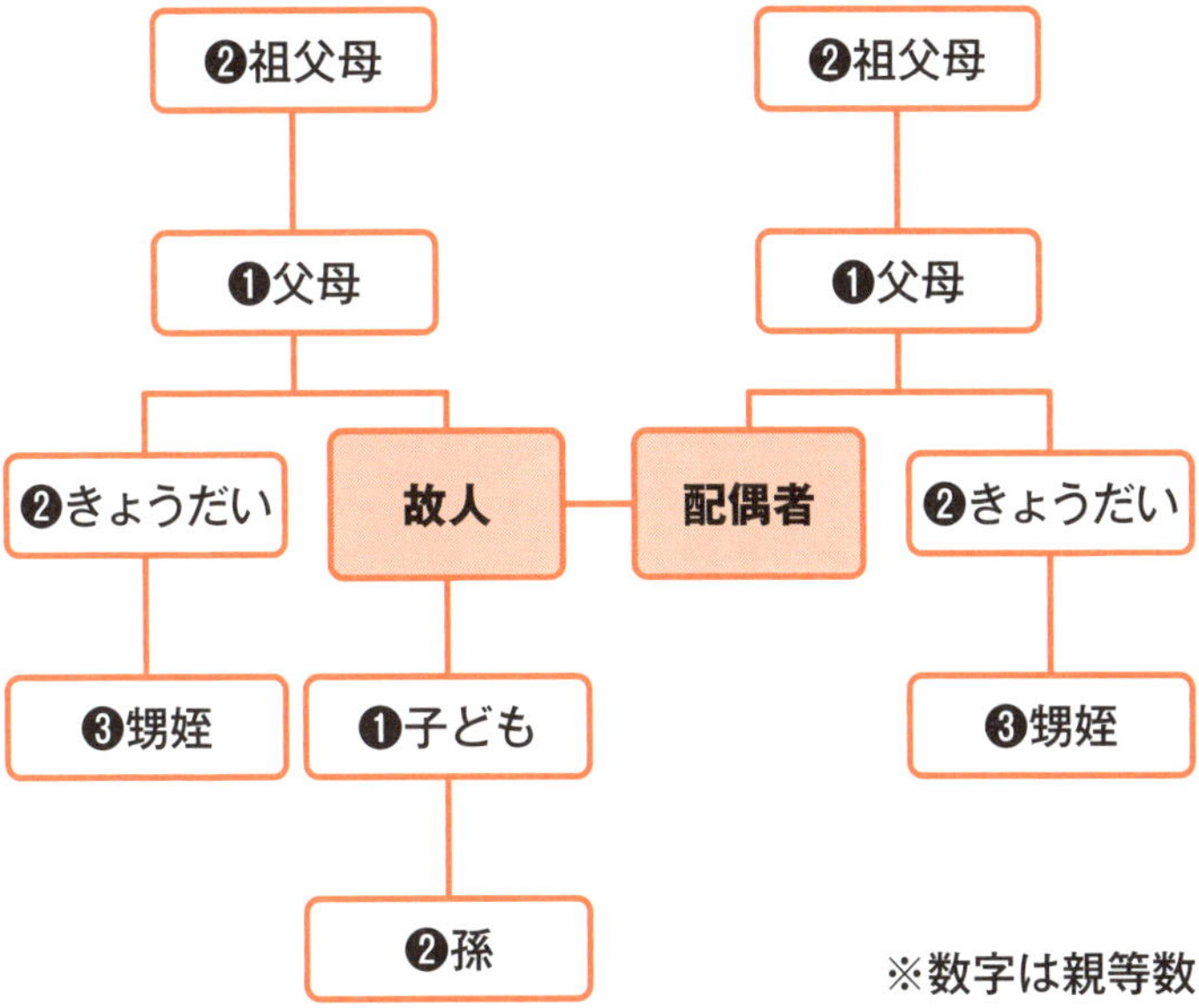

※数字は親等数

喪中の範囲となるのは2親等までが一般的とされています。3親等以降は故人との関係性によります。

お祝い事は控える

この期間中は、晴れがましいお祝い事は慎みます。新年の挨拶やお祝い、寺社への参拝、結婚式などの慶事は控えます。特に新年のお祝いでは正月飾りをせず、おせちもいただかない場合もあります。

慶事に参加する場合

基本的に慶事を行なったり参加したりすることは控えますが、喪中でも忌明け後は、「故人が楽しみにしていた」などの理由で結婚式を行なったり、参加したりすることがあります。事前に周囲に相談をしましょう。

昔は法律で期間が決められていた

昔は、法律で喪に服する期間が決められていました。古くは奈良時代の養老律令にあったとされています。江戸時代には服忌令、明治時代には皇室服喪令が定められていて、昭和22年ごろまで機能していました。

精進落とし

お坊さんや参列していただいた人には直接感謝の言葉を伝えるんだよ。

四十九日の法要後に食べる料理

喪に服している忌中の間は、肉や魚料理を口にせず、精進料理を食べる習慣がありました。四十九日の忌明けに食べる料理を「精進落とし」といいます。

現在では初七日法要の後に参列者に振舞われますが、この法要は葬儀と合わせて行われることが多く、火葬後に精進落としの場を設けるのが一般的です。また、意味合いも親族の忌明けの習わしから僧侶や参列者をねぎらうための会になっています。

会の最初に献杯を行ないます。これは故人に敬意を表して杯を捧げることですが、お酒には死の穢れから身を清める意味もあります。お酒が苦手な人は口をつける真似をするだけでもかまいません。

精進落としが行なえない場合は、折り詰めとお酒1本を僧侶や参列者へ渡します。

故人にも陰膳を

故人の分のお膳である「陰膳」を用意します。上座に檀を用意して、遺影と位牌を置き、その前に参列者と同じ献立のお膳を並べます。精進落とし以外の法要でも用意されることがあります。

お酌で感謝を伝える

会葬者が席についたら、喪主がお礼の挨拶と献杯をして精進落としの会を始めます。喪主は参列者ひとりひとりにお酌をしてお礼の言葉を述べましょう。挨拶はあまり長くならないようにします。

上座には僧侶、末席に親族

お世話になった僧侶をもてなす場となりますので、席次にも気をつけましょう。僧侶が最も上座になり、続いて世話役代表、知人・友人、近親者の順で座ります。遺族は末席に座ります。

長くても1時間半でお開きに

参列者の都合にも配慮して長くなっても精進落としは1時間半を目安に終わらせます。頃合いを見て、喪主がお開きの挨拶をしましょう。

精進落としは忌明け最初の食事

昔は故人が四十九日までに過ごす修行期間に合わせて、遺族が肉や魚を断ち、故人と修行をともにしていました。50日目の忌明けに通常の食事に戻し、その食事を「精進落とし」と呼んでいました。

年忌法要

節目ごとに柳太郎の供養をしていくんだよ。

数年ごとに供養を行なう

亡くなった日から、一周忌、三回忌、七回忌と数年ごとに供養をします。「年回法要」ともいわれます。また、亡くなった日から7日ごとに四十九日までと、100日目の法要を「追悼法要」といいます。

法要は僧侶が読経し、参列者が焼香をするのが一般的な流れです。自宅や寺院で行なうことがほとんどですが、四十九日などの節目の法要は斎場で行なうこともあります。服装は一周忌ではブラックスーツやワンピース、三回忌以降は黒またはグレーのスーツやワンピースを着ます。

準備期間は案内も含めて1〜2カ月が目安。まずは、日程を僧侶と相談して決めましょう。近親者だけでなく友人・知人にも往復はがきで案内状を郵送します。「お斎」と呼ばれる会食の手配や引き出物の準備もします。

年忌法要の種類

名称	亡くなった年からの年数
一周忌	1年目
三回忌	2年目
七回忌	6年目
十三回忌	12年目
十七回忌	16年目
二十三回忌	22年目
二十七回忌	26年目
三十三回忌	32年目
三十七回忌	36年目
四十三回忌	42年目
四十七回忌	46年目
五十回忌	49年目
百回忌	99年目

三回忌までは故人1人のみの法要を行ないます。七回忌以降は、同じ年に法要が重なる親族と合わせて法要を行なってもいいとされています。

節目の法要で弔い上げ

年忌法要は本来百回忌までと長年にわたり続くため、節目の法要の際に弔い上げをして、それ以降の法要は行ないません。一般的には、三十三回忌を節目とすることが一般的です。

祥月《しょうつき》命日《めいにち》に年忌法要

故人の亡くなった月日と同じ月日のことを「祥月命日」といいます。この日の前後で法要を行なったり、お墓参りをしたりします。また、亡くなった日と日が同じで月が違う日は「月命日」といいます。

神道とキリスト教の法要

神道では10日ごとの斎日（いみび）に霊祭（みたままつり）を行ない、仏教の年法要にあたる式年祭という儀式が執り行われます。キリスト教では宗派によって違いますが、ミサや集会が行なわれます。

第5章

年中行事のしきたり

何気なく過ごす日常の中にもたくさんのしきたりがあるよ。年中行事を意識できると、季節の移ろいを肌で感じることができて、生活にもメリハリが出てくる。昔の人はそうやってしきたりを受け継ぎながら生活を楽しんできたんだね。

新年の準備

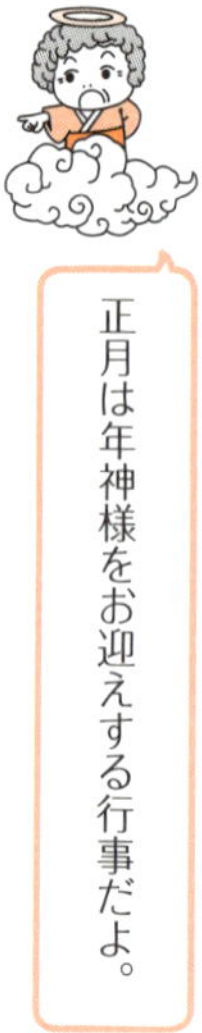

年神様を迎える準備を

〝1年の計は元旦にあり〟と言われるように、年中行事の中でも、正月は特に大切にされてきました。年神様という神様が各家庭に降りてくると考えられ、その年の幸運を授けてもらうため、さまざまな慣習が定着しています。しっかりと準備し、年神様に気持ちよく過ごしてもらいましょう。

年末の大掃除は「煤《すす》払《はら》い」に由来し、住まいを清めて年神様を迎えるという意味があります。何日かに分けて、余裕を持って掃除しましょう。

また、お正月には、門松や注連《しめ》飾《かざ》りなどの正月飾りが欠かせません。忙しい年の瀬に慌てないように、早めに準備しましょう。年の市などに買いに行けば、年越しの雰囲気も楽しめます。時間がなければインターネットでも購入できます。

門松には雌雄がある

年神様に来てもらう目印として、門に向かって左側に雄松を、右側に雌松を飾ります。買うときに雌雄を確認するようにしましょう。最近ではマンション用の小さなものも売られています。

大掃除は早めに

大掃除の由来である「煤払い」は12月13日の「正月事始め」に行われます。しかし、年末の忙しい時期、なかなかまとまった時間も取れません。少しずつ時間を使って掃除していきましょう。

玄関には注連飾りを

注連飾りも門松と同様、年神様を迎えるための目印です。神様を迎える神聖な場所として、神棚や床の間などに飾っていましたが、現在では簡略化され、玄関に飾られるようになりました。

床の間や仏壇に鏡餅を

鏡餅は年神様の寄りつく依り代です。床の間や仏壇に飾るものですが、玄関やテレビ台の上に飾ってもかまいません。年末に餅つきをしたいところですが、インターネットなどで買うのもいいでしょう。

正月飾りは12月28日に飾る

「八」が末広がりで縁起のいいことから、12月28日に飾るのが最適とされています。29日は「二重苦」、31日は「一夜餅」として避けられます。大掃除もこの2日間にかからないようにしましょう。

正月

正月はのんびり過ごすのもいいけれど、新年のしきたりも忘れないでね。

まずはお屠蘇《とそ》から

正月の楽しみといえば、お雑煮やおせち料理。これらをいただくのにも、正しい順番があります。まずはお屠蘇をいただきましょう。その後、おせち、お雑煮の順にいただきます。

お屠蘇とは「屠蘇散」という生薬を漬け込んだお酒です。屠蘇散は薬局などで売っているので、お好みで日本酒やみりんと合わせて作りましょう。

おせちは、「数の子は子孫繁栄を願う」といったように、ひとつひとつの料理に願いが込められています。それぞれの意味を考えながら食べれば、ご利益もより大きくなるかもしれません。

お雑煮は、年神様へのお供え物であるお餅をお下がりとしていただくものです。具材や味付けなどは各家庭によって異なります。好みの食べ方で楽しみましょう。

初日の出で年神様を迎える

初日の出を見るときは山頂や海岸など、東側が開けた場所がいいでしょう。これは明治時代以降盛んになった風習です。それ以前は、自宅で静かに過ごし、東西南北を拝む「四方拝」が一般的でした。

初夢は2日の夜に見る夢

本来初夢とは、正月の2日の夜に見る夢のことをいいます。よい初夢を見たいなら、七福神が宝船に乗っている絵を枕の下に入れると効果があるといわれています。

1月2日には書き初めを

農家や商家の「仕事始め」に倣い、書き初めも1月2日にします。まだまだ正月気分の中ですが、1年の心構えや抱負など、筆をしたためれば、新鮮な気分になるでしょう。

お年玉は高校生まで

お年玉を渡す年齢は小学生から高校生までが目安。金額はその子どもの1カ月の小遣い程度にします。負担が大きくなりすぎないよう、親同士であらかじめ話し合うのもいいでしょう。

「元日」と「元旦」の違い

「元日」は1月1日を、「元旦」は1月1日の朝を指します。「元旦の朝」という表現は間違いなので注意しましょう。また、「正月」は1月の別名であり、本来は1月1日から31日までを指す言葉です。

初詣

初詣は1年の幸せを祈願する大切なしきたりだよ。

1月7日までの参拝が基本

一家の家長が年の明ける前に氏神様を祀る神社に行って、年が明けたら神様にお参りするのが、初詣の始まりといわれています。後に伊勢神宮や出雲大社など有名な神社や、その年の恵方に当たるところへ初詣をするようになりました。これを「恵方参り」といいます。さらに現代では、自分の願いなどに合わせて、いろいろな神社やお寺を参拝するようになっています。

本来は、自分の住んでいる土地の氏神様に日頃の感謝をするためのしきたりです。複数の神社に参拝するのは問題ないのですが、まずは氏神様をお参りするようにしましょう。

正式な期間は決められていませんが、1月7日までに参拝するのが一般的です。また、時間帯も特に決められていません。お正月休みの気分転換に出掛けましょう。

特別な作法は必要なし

いざ初詣に行こうとしても、参拝の仕方に不安を感じる人も多いのではないでしょうか。初詣も通常の参拝同様、賽銭《さいせん》を入れ、二礼二拍手一拝が作法です。

神社でもお寺でもOK

初詣といえば神社のイメージが強いですが、お寺に参拝してもかまいません。昔の日本では神社とお寺は明確に区別されていませんでした。近年は明治神宮や成田山新勝寺などの有名な社寺への参拝が人気です。

感謝あっての願い事

まずは神様へ、昨年1年間の報告や感謝をしてこその願い事だということを忘れないように。また、あまり私利私欲にまみれた願い事や、たくさんの願い事はしないようにしましょう。

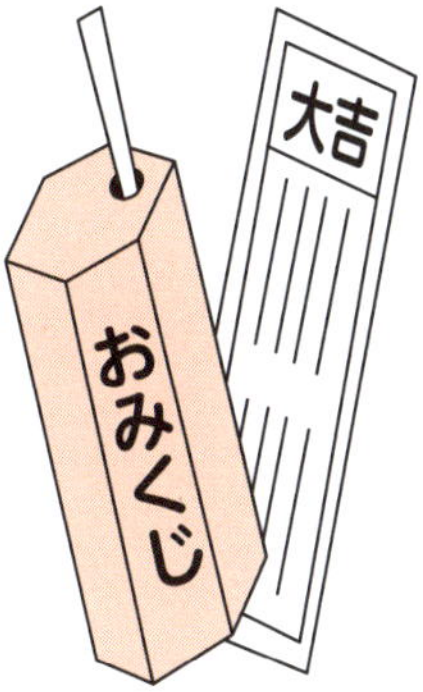

おみくじは結ばない

神社やお寺によって見解が異なりますが、おみくじは持ち帰ってもかまいません。ただし、捨ててしまうのは避けましょう。不要になったら、神社でお焚き上げしてもらいましょう。

「ご縁」を重ねるお賽銭

お賽銭といえば5円玉。重ねるとより縁起がいいといわれます。2枚で「重ね重ねご縁がありますように」、3枚の15円で「十分ご縁がありますように」などとされています。

七草がゆ

1年の健康を願って七草がゆを食べよう。ご馳走で疲れたお腹も休まるよ。

1月7日の朝に食べる

松の内の最終日にあたる1月7日に春の七草をおかゆにしていただくのが、七草がゆの習わしです。

正月が旧暦では春にあたることから、長い冬をじっと耐え、雪の下から芽吹いた春の若草を食べることで、生命力や栄養を取り入れ、無病息災に通じると考えられていました。

このことに、お正月のご馳走に疲れた胃腸を労り、冬場に不足しがちな青菜を補給するという意味も加わって現在に至っています。

七草がゆは、本来朝に食べるのが正しい習わしです。前日に年神様にお供えをし、準備しておきましょう。忙しければ時間にこだわる必要はありませんが、七草がゆは胃にやさしく、素早く1日に必要なエネルギーを摂取できます。正月疲れを吹き飛ばし、元気に新年をスタートしましょう。

春の七草と効能

せり
利尿、解熱など

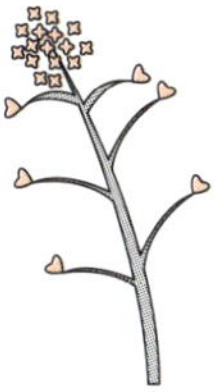

なずな
止血、消炎など

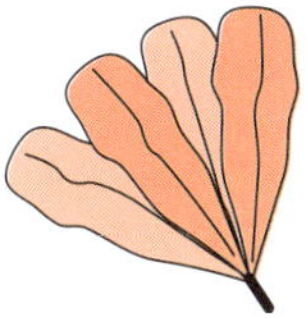

ごぎょう
せき止め、去痰など

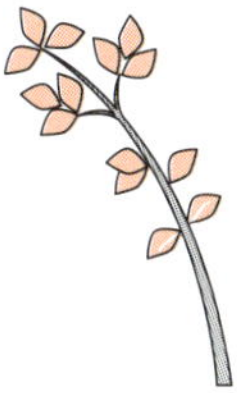

はこべら
歯槽膿漏予防など

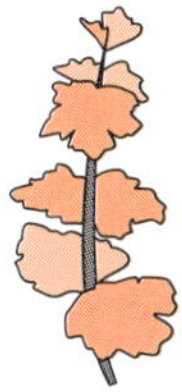

ほとけのざ
食欲増進など

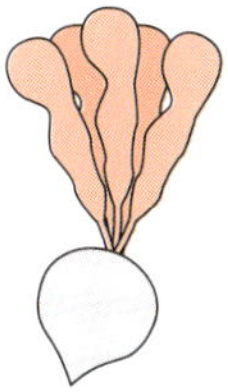

すずな
消化促進など

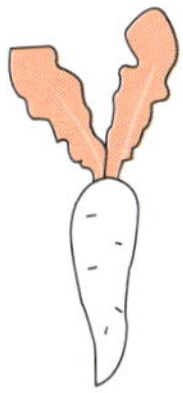

すずしろ
せき止めなど

前日の夜から準備を

七草がゆは、すりこぎや包丁の背で七草を叩きながら、細かくして作るのが習わしです。「七草の歌」を歌いながら、1月6日の夜に28回、さらに7日の朝に21回叩きます。

七草には医学的効能も

健胃・食欲増進・解熱・鎮痛・消炎・解毒・下痢止め・せき止め・利尿・止血・歯痛・去痰・扁桃腺炎など、春の七草には、医学的にも立証された効能がたくさん含まれています。

七草がゆの簡単レシピ

①30分以上吸水させた米を蓋つきの鍋に入れて炊く（米：水＝1：7に）。②沸騰したら蓋をずらして、弱火で30～40分。③火を止めて5～10分蒸らし、細かくした七草と塩を混ぜたら出来上がり。

1月

鏡開き

楽しかった正月ももう終わり。年神様にお供えした鏡餅をいただこう。

1月11日に鏡餅を下げる

鏡餅は必ず神様のお下がりとしていただきましょう。神様とのつながりを強め、パワーをいただけます。また、神様に感謝しながら、無病息災を願う意味も込められています。

鏡開きは1月11日に行われます。また、門松や注連飾りなど、ほかの正月飾りは正月を祝う期間の松の内の最終日である1月7日に片付けましょう。

ちなみに、もともと松の内は15日までであり、鏡開きも20日に行なうのが主流でした。それが慶安4年4月20日、徳川第3代将軍の家光が亡くなったことから、毎月20日は忌日として扱われるようになり、鏡開きも11日に行われるようになりました。しかし、鏡開きをした後にも正月飾りを飾っておくのはおかしい、ということで、松の内も7日までに変更されたのです。

包丁は使わない

包丁などの刃物で鏡餅を切り分けてはいけません。年神様に刃を向けることや、刃物が武家の習わしであること、切腹を連想させることから、マナー違反だといわれています。

分けて食べてもいい

開いたお餅の食べ方に、特にルールはありません。お汁粉、磯辺餅、きなこ餅、揚げ餅など、お好みの食べ方を楽しみましょう。1回ですべて食べず、何日かに分けて食べても大丈夫です。

電子レンジで柔らかく

神様に感謝の気持ちを捧げながら鏡餅を下げ、木槌などで砕きます。硬くて砕けない場合は、しばらく水に浸けてから、電子レンジで温めると柔らかくなり、手でちぎることができます。

正月飾りは7日まで

門松や注連飾りなど、鏡餅以外の正月飾りは、松の内の最終日である1月7日までしか飾ってはいけません。1月15日に神社で行われる“とんど焼き”でお焚き上げをしてもらいましょう。

樽酒の蓋を割る「鏡開き」

祝い事の際、樽酒の蓋（鏡）を割ることも“鏡開き”といいます。鏡餅と樽酒、どちらの名称も正しく、使い分ける必要はありません。新たな出発に際して健康や幸福などを祈願するという意味は同じなのです。

節分

節分には豆を撒いて厄や災難を追い払おう。家内安全で過ごせるよ。

まずは外に向かって豆を撒く

古代中国に、疫病などを打ち払うため、鬼の面をかぶった人を桃の木の弓矢で追い払う「追儺《ついな》」という行事がありました。これが奈良時代に日本に伝わったのが節分行事の由来だとされています。

豆撒きには、「魔を滅する（魔滅《まめ》）」とかけ、無病息災を祈る趣向があります。まずは玄関の内側から外に向かって「鬼は外」の掛け声とともに、3回撒きます。次に各部屋の窓から外に向かって同様に3回ずつ。外への豆まきが終わったら、玄関の外から家の中へ「福は内」と3回。その後で各部屋の入口から部屋の中に向かって。できればお風呂やトイレにも撒きましょう。

また、節分には豆撒き以外にもたくさんのしきたりがあります。せっかくですから、それらもチェックしておきましょう。

柊鰯《ひいらぎいわし》で鬼を遠ざける

柊の枝に焼いた鰯の頭を刺して作るのが柊鰯。一般的には節分の翌日まで玄関先に飾ります。鰯の生臭さと柊のトゲで、鬼を近づけないようにする役目があるとされています。

撒く人は決まっている

家の世帯主や年男が豆を撒く役とされていますが、現在では家族全員で豆を撒く場合が多いようです。豆を撒く人を決める場合、それ以外の人は、少し後ろで掛け声だけをかけます。

数え年の数だけ食べる

豆を撒き終わったら、自分の数え年の数の豆を拾って食べます。数が多すぎて食べきれない場合は、豆の入った茶碗に注いだお茶を飲むだけでも大丈夫。分けて食べてもかまいません。

恵方巻は黙って一気に

豆撒きが終わったら、恵方巻を食べましょう。恵方を向いて、1本を一息に食べます。恵方は毎年変わるので、事前に確認しましょう。食べ終わるまでに喋ってしまうと、ご利益を得ることができないといわれています。

節分は１年に４回やってくる

節分とは立春・立夏・立秋・立冬それぞれの前日のこと。つまり１年に４回あります。日本では１年の始まりとして立春が特に尊ばれたため、立春の前日のみを指す言葉になっていきました。

初午《はつうま》

2月の最初の午の日はお稲荷様のお祭りだよ。

近所の稲荷神社を参拝しよう

初午祭は農業の神様であるお稲荷様を祀る行事として始まり、その後農業に限らず、豊漁や商売繁盛、家庭円満を願うお祭りへと広がっていきました。お稲荷様を祀る稲荷神社は、全国に約4万社あるといわれています。近所の稲荷神社でも赤いノボリが立てられ、祭りが行われているはずですので、行ってみましょう。

ちなみに、稲荷神社といえば「キツネ」が有名ですが、実はお稲荷様がキツネの姿をしているわけではありません。日本では古くからキツネが神聖なものとして扱われており、稲荷神社では神の使いとしてキツネが祀られているのです。初午祭では、狐の好きな油揚げや「油揚げに寿司を詰め込んだもの」が供えられます。これが、後に「いなり寿司」と呼ばれるようになりました。

いなり寿司を食べる

参拝の後は「初午いなり」を食べましょう。家族で作ると楽しいですが、この日に合わせてコンビニやスーパーなどでも売り出されているので、それらを買うのもいいでしょう。

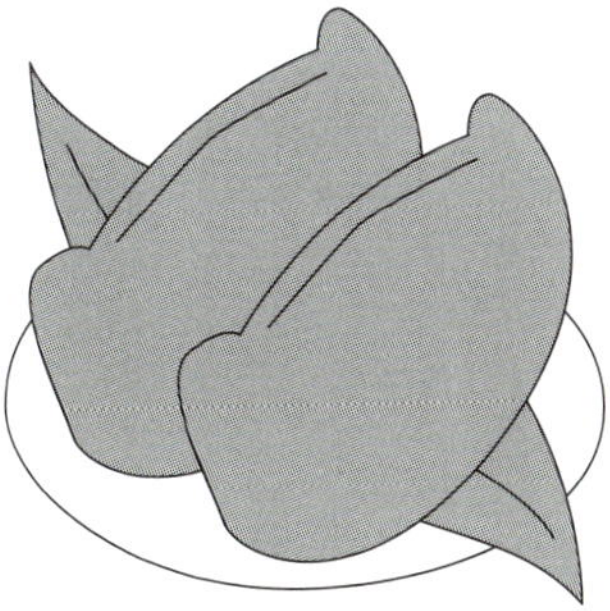

最も運気の高まる日

「午」は方位で南、時間で正午を示します。初午の日は1年の中で日光が最も強いことから、1年で最も運気の高まる日とされています。家族みんなの健康をお祈りしましょう。

しもつかれ

栃木県を中心に、北関東では初午の行事食として「しもつかれ」が作られます。家庭によって味付けや食べ方が異なります。鮭の頭と野菜、おろし大根などを煮込んで作ります。

初午団子

初午には蚕の神様を祀る行事も行われたことから、地域によってはまゆ玉に見立てた米粉の団子を作る風習が残っています。まゆにシミができないよう、醤油を付けずに食べます。

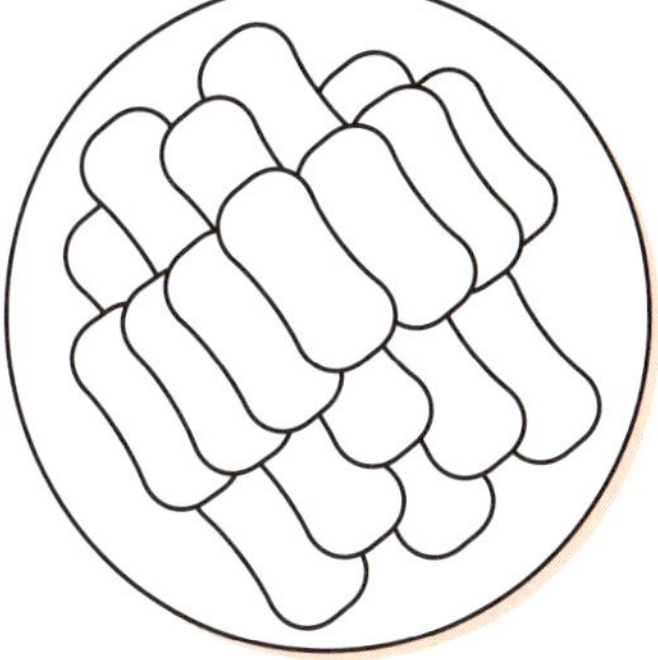

初午はお稲荷様が降臨した日

西暦711年2月の午の日、五穀を司る神様が稲荷山に降臨したのが初午祭の由来とされています。お稲荷様はもともとは農業の神として、やがて商売や漁業の神としても、広く信仰されるようになりました。

針供養

針は大切な道具。針供養は、針に感謝し、供養する行事だよ。

2月か12月の8日に行われる

針供養は、感謝の気持ちを込めて、折れた針や古くなった針を豆腐やこんにゃくに刺し、川に流したり、土に埋めたり、神社に納めたりして供養する行事です。地域によって2月8日か12月8日のいずれか、あるいは両日に行われます。

この違いには、「事始め」「事納め」という習わしが影響しています。これらは年神様や田の神様を祀る日で、年神様を迎える準備を始める事始めが12月8日、後片付けを終える事納めが2月8日です。対して、田の神様を迎えて農作業を始める事始めが2月8日、農作業を終える事納めが12月8日です。

事始めと事納めの日は身を慎み、農作業をはじめ、針仕事などすべての仕事を休む日とされていました。それを機会に、針供養が行われるようになったのです。

針仕事は大切な仕事

着物が主流だった時代、針仕事は女性にとって、とても大切な仕事でした。裁縫上手になりたいという思いは、女性にとって共通の願い。針供養はその祈願のための行事でもあります。

淡島神を祀る寺院

針供養は主に、女性の守護神である淡島神を祀る寺院で行われ、針を豆腐やこんにゃくに刺して供養します。持参できる本数などが決められている場合もあるので、事前に確認しましょう。

自宅でも供養できる

自宅で行なう場合も、豆腐やこんにゃくを用意し、感謝の気持ちを込めて針を刺しましょう。供養が終わった針は紙に包み、自治体のゴミの出し方に従って処分しましょう。

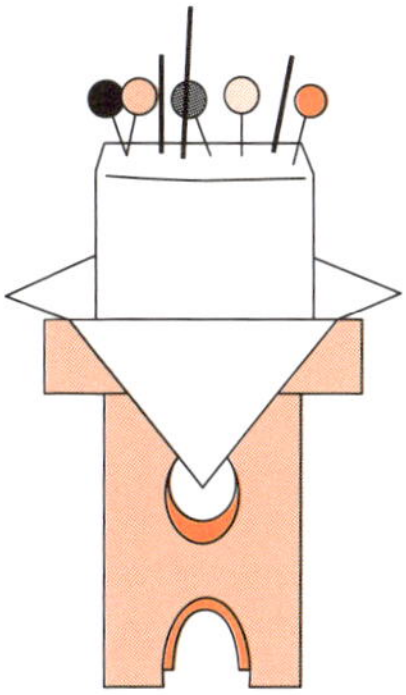

家に妖怪がやってくる

事始めや事納めの日には、妖怪や悪神が家を訪れるとされています。目籠《めかご》をくくりつけた竹竿やにんにくなどを庭先に置いて、魔除けをする風習が残されている地域もあります。

豆腐は針のお布団

豆腐やこんにゃくなど、針供養では柔らかいものを使います。これには、ずっと硬い生地などを縫ってくれた針に対する、「最後は柔らかい場所で休んでください」という気持ちが込められています。

ひな祭り

女の子の成長と幸せを願うひな祭り。ひな人形は一生の宝物になるね。

飾る日は決まっていない

中国渡来の風習に、3月上旬の巳の日に、藁人形などに自分の穢れを移し、川に流して厄払いや邪気祓いを行なう「上巳《じょうし》の節句」があります。また、日本の貴族階級の女の子の間で、紙の人形を使った「ひいな遊び」というおままごとが流行り、この2つが結びついて、「流し雛」が誕生しました。これが現在のひな祭りの原型といわれています。

「初節句」から毎年、ひな人形を飾ってお祝いします。ひな人形は節分の翌日から、遅くともひな祭りの1週間前までには飾るようにしましょう。

片付けが遅れると婚期が遅れるともいわれますが、片付ける日も明確には決められていません。3月中旬位までを目途に、時間のあるときに片付けましょう。

地域で変わる飾り方

代表的なのがお内裏様とおひな様の位置の違い。京都風ではお内裏様が向かって右、関東飾りではその逆です。人形にはそれぞれ正しい飾り方があるので、間違えないようにしましょう。

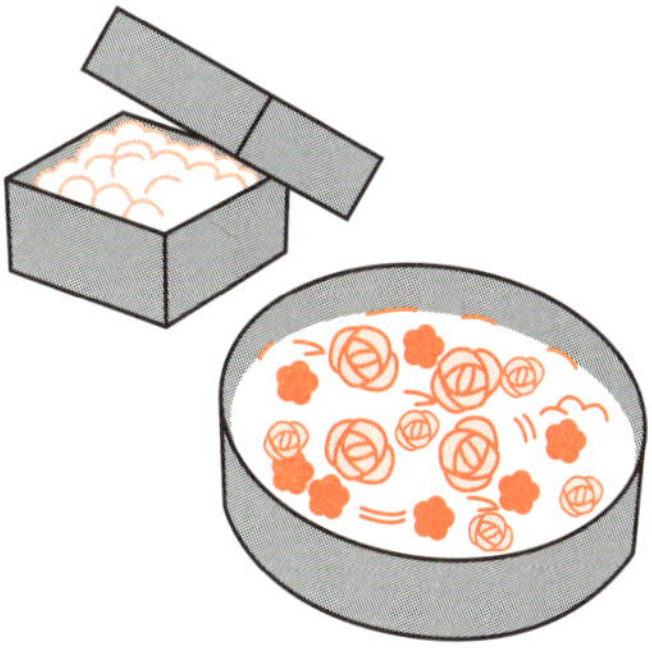

母親の実家が準備

一般的に、ひな人形は母親の実家が用意するものですが、現在では両家で折半する場合も多いようです。住宅事情に合わせた小さなものも売られているので、無理のない範囲で用意しましょう。

初節句は大切なお祝い

女の子の初節句には、ひな人形を飾り、両親や祖父母と一緒にちらし寿司などの祝い膳を囲みます。記念写真を撮るのもいいですし、神社で祝詞をあげてもらう地域もあります。

内祝いも忘れずに

初節句の際には、親族や知人などからお祝い金を贈られる場合が多く、お返しも必要です。3月中旬までに、角砂糖や紅白まんじゅうの折詰などを、内祝いとしてお返ししましょう。

基本は１人に１つ

ひな人形は「子どもの代わりに災厄を受ける身代わり人形」なので、基本的に１人に１つです。しかし、これも明確なルールはありません。家族で代々受け継がれている場合などは、大切に使いましょう。

お彼岸

お彼岸ではお墓参りをして、ご先祖様に挨拶しよう。

お彼岸は1年に2回

春のお彼岸は、春分の日を「お中日《ちゅうにち》」として前後3日間を含んだ7日間、秋のお彼岸も同様に、秋分の日をお中日に7日間です。また、初日を「彼岸入り」、最終日を「彼岸明け」と呼びます。

「彼岸」とは〝あの世〟を指し、〝この世〟のことは「此岸《しがん》」と呼びます。彼岸は西に、此岸は東にあるとされており、太陽が真西に沈む春分と秋分は、彼岸と此岸がもっとも通じやすくなると考えられ、先祖供養をするようになりました。

お墓参りには、家族みんなで出かけましょう。お墓は家族全員でお守りしていくべきもの。親がご先祖様のお墓を大事にする姿は、後の世代に受け継がれていきます。また、お墓だけでなく、仏壇へのお供え物や掃除も忘れないようにしましょう。

まずはお墓の掃除

お墓参りへ行ったら、まずお墓を掃除します。墓石は水をかけて洗い、彫刻部分は歯ブラシなどで磨きましょう。水鉢や花立てはゴミが詰まりやすいので、特に丁寧に汚れを落とします。

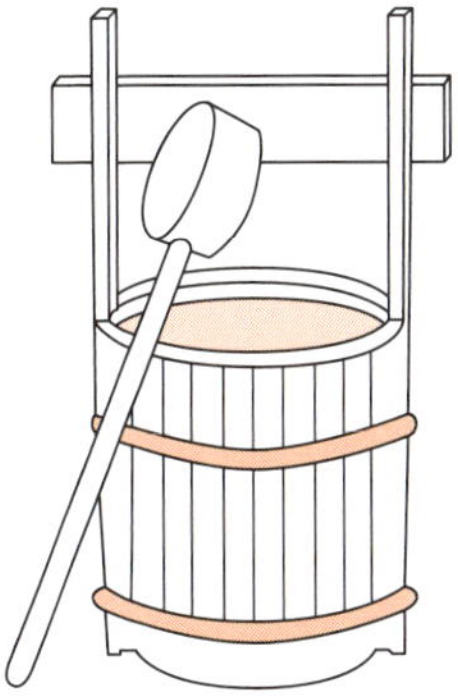

故人を偲び、感謝する

掃除が終わったら、みんなで線香を立てて、ご先祖様に挨拶します。故人が好きだったお菓子や果物などを2つ折りにした半紙の上にお供えし、水鉢にきれいな水を入れましょう。

他家へはお供え物を

ほかの親族の家のお墓を訪ねる場合は、お供え物を持参しましょう。相場は3千円前後、品物は特に決められていません。忙しくて訪問できない場合も、送るようにしましょう。

ぼたもちとおはぎ

彼岸に供えられる〝ぼたもち〟と〝おはぎ〟。〝ぼたもち〟は春に咲く「牡丹」に、〝おはぎ〟は秋に咲く「萩の花」になぞらえられています。これらは呼び方が違うだけで、同じお菓子です。

お彼岸とお盆の違い

お彼岸はあの世とこの世が一番近くなるとき。それに対してお盆は、ご先祖の霊がこの世に里帰りされる時期です。お墓へ挨拶に行くか、先祖の霊が遊びに来るかの違いと考えればわかりやすいでしょう。

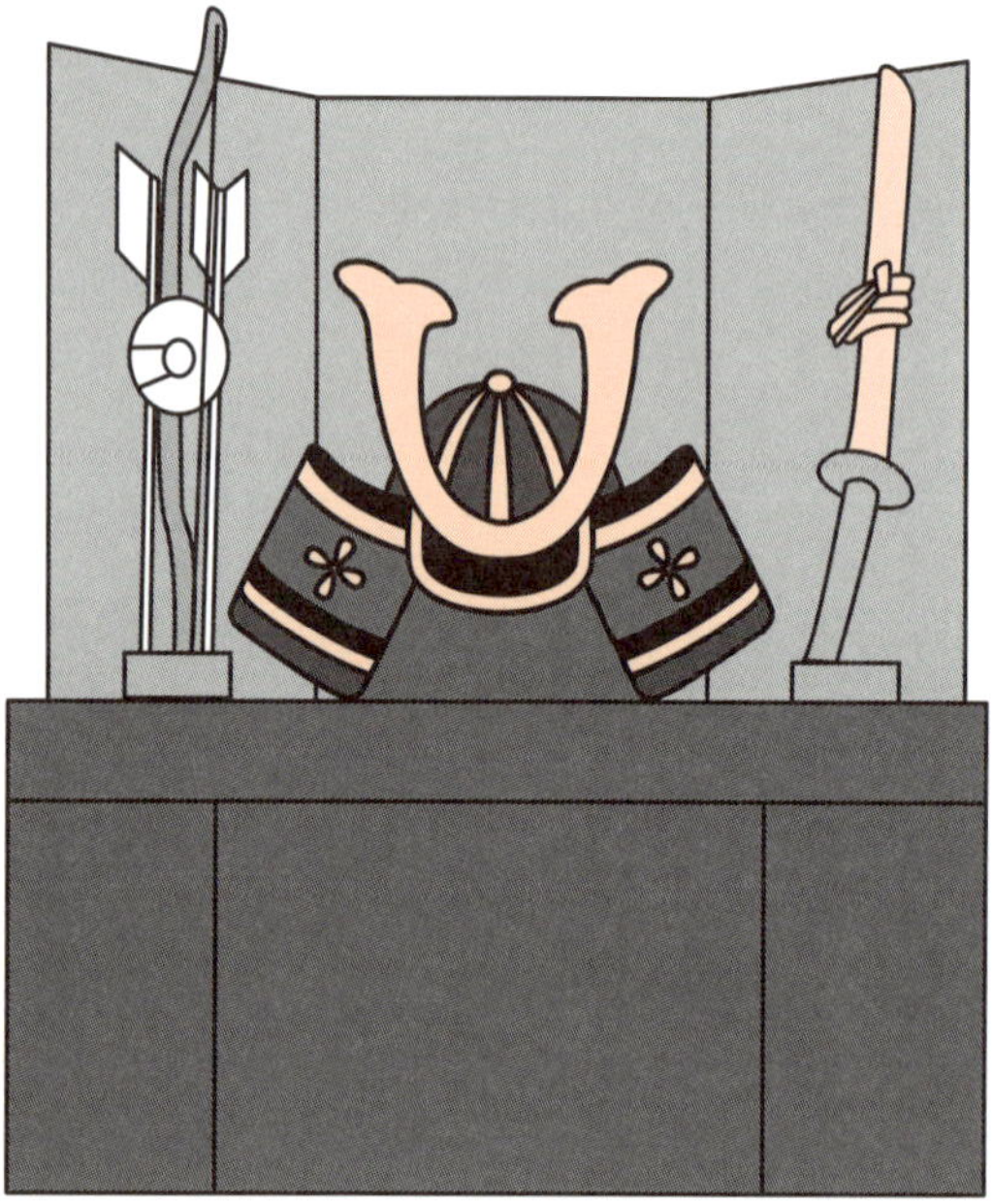

端午の節句

端午の節句は男の子のお祭り。諒太も元気に育ちますように。

男の子の成長を願い、喜ぶ日

5月5日が近づくと、男の子のいる家庭では鯉のぼりが立てられ、5月人形や鎧兜が飾られます。また、菖蒲《しょうぶ》湯《ゆ》に入ったり、柏餅やちまきを食べたりと、端午の節句にはたくさんのしきたりが残されています。

鯉のぼりには、滝を登る鯉のように出世してほしい、生命力の強い鯉のように、どんな環境でも生き抜くことができるたくましさを備えてほしいという願いが込められています。

また、昔の武家社会の名残から、子どもの身に危険が及ばないようにと、鎧や兜が飾られるようになりました。五月人形には、人形のモデルとなった人物のように立派に成長して欲しいという願いが込められています。

それぞれの由来を理解して、家族みんなで男の子の健やかな成長を喜びましょう。

鯉のぼりの順番

鯉のぼりは、上から、吹き流し、真鯉、緋鯉、子鯉の順に飾ります。吹き流しの五色には、木（青）、火（赤）、土（黄）、金（白）、水（黒）の意味があり、魔除けの役割があります。

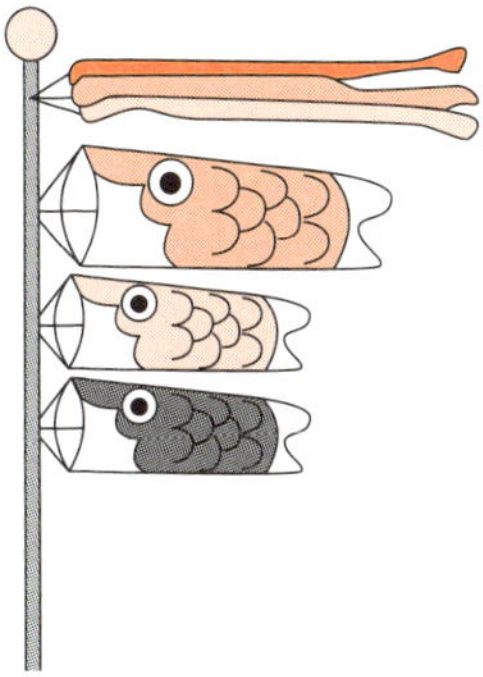

お返しを忘れずに

男の子の初節句でも、ひな祭りと同様、祖父母や親族からお祝いが贈られます。鯉のぼりや五月人形、鎧兜、お祝い金などをもらったら、お返しを忘れないようにしましょう。

菖蒲と花菖蒲の違い

菖蒲湯は少し高めの温度にすることで、より菖蒲の香りが高まります。ちなみに、菖蒲湯に使う菖蒲はサトイモ科の植物です。きれいな花が咲く「花菖蒲」と間違えないようにしましょう。

お祝いはみんなで分担

一般的に、鯉のぼりや五月人形、鎧兜などは母親の実家が用意するものでした。しかし、すべてを準備するのは大変な負担になります。子どもの両親や父親の実家などでも分担して準備しましょう。

柏餅やちまきの由来

柏の木は新芽が出るまで葉が落ちないという特性から、柏餅には「跡継ぎが絶えない＝子孫繁栄」の願いが込められています。ちまきは中国から伝わったもので、厄払いの効果があるとされています。

七夕

七夕飾りでお願いごとをしよう。はどんなお願いをするかな。諒太

2つの風習が結び付いた行事

七夕は、織姫と彦星が1年に一度だけ出会える日。もともとは中国で生まれた伝説です。それでは、なぜその日にお願い事をするのでしょうか。

かつて日本には、7月7日に乙女が着物を織って、神様に豊作や厄払いを願う風習がありました。その織り機が「棚機《たなばた》」と呼ばれていたことが、「七夕」の名前の由来となりました。

そして、お願いごとをする風習は、中国から伝わった「乞巧奠《きっこうでん》」という行事が元になっています。7月7日に織姫と彦星の願いが叶うというお話から発展し、女性の願いである裁縫の上達などを願っていたものが、やがてさまざまな願いごとをするようになりました。現在の七夕は2つの風習が結び付いたものなのです。

飾りは7月6日の夜に

一般的に、七夕飾りは7月6日の夕方から夜に飾ります。短冊に願い事を書いて笹や竹の枝につるしましょう。笹や竹が手に入らない場合は、ホームセンターやインターネットでも購入できます。

七夕に雨が降ったら？

七夕は梅雨の真っ最中。でも安心してください。七夕の雨は2人が出会えたうれし涙だという説があります。大雨でも「よっぽどうれしいんだな」と考えるようにしましょう。

七夕飾りの片付け方

昔は七夕飾りを川や海に流す風習がありましたが、現在では不法投棄になってしまいます。できれば神社でお焚き上げをしてもらうといいのですが、燃えるゴミに出してもバチは当たりません。

習い事の上達を願おう

七夕はもともと、裁縫などの習い事の上達を願う行事でした。「お金が欲しい」と書くよりは、「○○がうまくなりたい」とお願いしたほうが、叶いやすいかもしれません。

織姫と彦星はダメ夫婦？

実は織姫と彦星は夫婦です。もともと働き者だった2人ですが、結婚してからは遊んでばかり。怒った織姫の父親が2人を引き離し、ちゃんと仕事をするなら年に一度だけ会わせると約束したのでした。

土用の丑の日

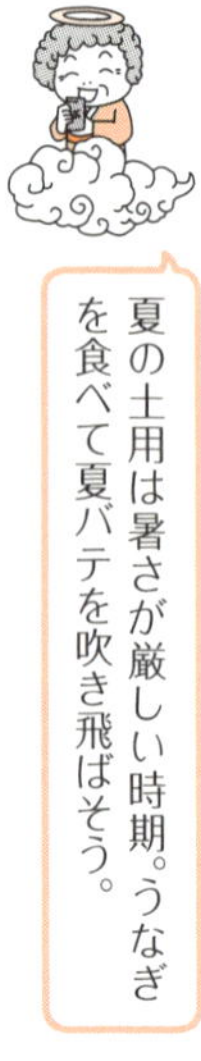
夏の土用は暑さが厳しい時期。うなぎを食べて夏バテを吹き飛ばそう。

「土用の丑の日」は何日か

「土用」とは、立春、立夏、立秋、立冬の前の18日間のこと。「丑の日」の丑は十二支の丑です。つまり季節ごとに「土用の丑の日」があるわけですが、現在ではもっぱら夏の土用の丑の日のことを指すようになりました。

ちなみに土用の丑の日は1年に2回ある場合がありますが、2回目は「二の丑」としてあまり注目されません。

夏の土用は1年間の中でもとりわけ暑さが厳しい時期。江戸時代から、丑の日に薬草を入れた風呂に入ったりお灸をしたりすると、夏バテに効き目があるとされていました。

現在では、うなぎを食べることがポピュラーな風習として残されています。少し高価な食べ物ですが、夏を元気に乗り切るため、奮発してみるのもいいのではないでしょうか。

「う」のつくものを食べる

うなぎに限らず、土用の丑の日には「丑」にちなんで、うり、うどん、梅干しなど「う」が付くものを食べるといいとされています。昔の人もダジャレやげん担ぎが好きだったようです。

大発明家が作った風習

本来のうなぎの旬は冬です。夏はあまり売れず、鰻屋の相談を受けた江戸時代の発明家・平賀源内が、「本日土用の丑の日」と看板を掲げたところ大繁盛。これが現在のルーツであるといわれています。

衣類の陰干し

夏の土用は梅雨明けと重なるため、衣類などに風を通して陰干しする風習が残されています。「うなぎを食べる頃には陰干しを」と覚えておいて、カビや虫の害から衣類を守りましょう。

うなぎは栄養抜群

うなぎを食べる由来を知ると、本当に意味があるのか疑問ですが、うなぎには各種ビタミンやミネラルなどが豊富。商業戦略やダジャレだけでなく、実際に効果のある食材なのです。

土用にしてはいけないこと

土用は土を司る土公神《とくしん》という神様が支配する期間。土を動かしたり、掘ったりしてはいけないといわれています。現代でも建築の基礎工事などは土用を外して行われることが多いようです。

お盆

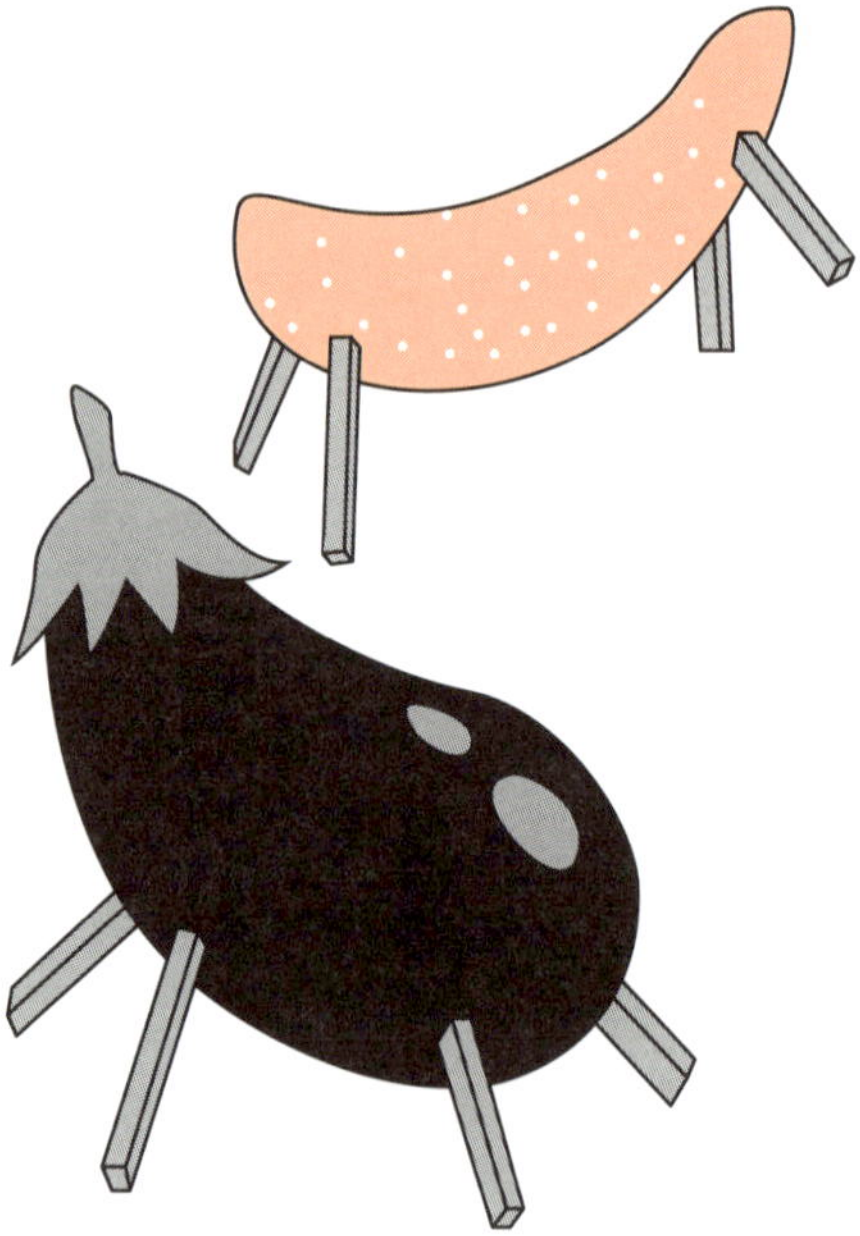

お盆はご先祖様が里帰りする期間。ご先祖様のために準備しようね。

ご先祖様と過ごす4日間

お盆は仏教の「盂蘭盆会《うらぼんえ》」という行事に由来します。「盂蘭盆」は古代インドの言葉で「逆さに吊るされた苦しみを救う」という意味です。つまり、地獄に落ちて苦しんでいる霊を救うための行事ですが、これが日本の祖先信仰と結びつき、日本ならではの習慣が作られました。

お盆の時期は、地域によって旧暦の7月とするところと、新暦の8月とするところがあります。13日を「迎え盆」などと呼び、精霊棚などの準備をし、迎え火を焚いてご先祖様を迎えます。14、15日には法要や供養の儀式を行います。16日は「送り盆」などと呼ばれ、送り火を焚いてご先祖様を送ります。

お墓参りはどの日でも大丈夫ですが、故人を迎えに行くということで、特に13日がいいとされています。

新盆は特に丁寧に

亡くなった人の四十九日が過ぎて、初めて迎えるお盆のことを「新盆《にいぼん》」と呼びます。僧侶や親族、故人と親交の深かった人などを招き、丁寧に故人の霊を迎えましょう。

迎え火、送り火を焚く

迎え盆、送り盆には、庭や玄関先で迎え火、送り火を焚きましょう。一般的に「おがら（皮を剥いだ麻）」を平皿の上で燃やします。おがらはホームセンターや花屋などで購入できます。

位牌を精霊棚の上に

お盆の期間中には仏壇の前や庭先などに「精霊棚」と呼ばれる臨時の棚を作ります。位牌をその上に置き、野菜や果物などの季節ものや、朝昼晩の3回、ご飯と水をお供えします。

キュウリの馬とナスの牛

精霊棚には「精霊馬」と「精霊牛」を飾りましょう。これはご先祖様の乗り物で、馬に乗って少しでも早く来てもらい、帰りは牛に乗ってゆっくりと、という意味が込められています。

盆踊りの意味は？

公園や広場でやぐらを囲んで踊る盆踊りも、ご先祖様の霊を送り出すためのものでした。次第に仏教行事的な意味合いが薄れ、民俗芸能として娯楽的に定着し、人々の交流の場ともなっていきました。

お月見

お月見は農作物の収穫に感謝をする行事だよ。

十五夜の日は毎年変わる

お月見といえば「十五夜」。1年の中で最も空が澄み渡り、月が美しく輝く日とされています。平安時代から月を愛でる宴が楽しまれ、江戸時代からは収穫祭として広く親しまれています。

昔は旧暦の8月15日に行われていましたが、現在の暦ではその日付が毎年変わります。次の十五夜が何日なのか、確認しましょう。

広い庭や縁側がなくてもお月見はできます。窓辺やベランダなど、お月様を眺められる場所であれば、そこが我が家の月見台です。格式張らず、気軽に楽しみましょう。

月見台には、月見だんごや旬の野菜、ススキを始めとした秋の七草などをお供えします。また、十五夜は芋類の収穫を祝う「芋名月」とも呼ばれることから、里芋やサツマイモなども準備しましょう。

月見だんごは15個つくる

月見団子はスーパーやコンビニでも売っていますが、せっかくなら家族や友人と作りましょう。白玉粉を使えば簡単に、子どもでも楽しく作れます。十五夜にちなんで15個作るのが一般的です。

お供えしたらすぐに食べよう

お供えものはいただくことが重要。月見だんごも一旦お供えしたら、すぐに食べて大丈夫です。きな粉を付けたり、あんこを添えたり、お月見をしながらおいしくいただきましょう。

月見だんごの並べ方

「三方」に半紙やてんぷらの敷き紙などの白い紙を敷いて、下から9個、4個、2個と重ねましょう。三方がある家は少ないでしょうから、お盆やお皿に並べても大丈夫です。

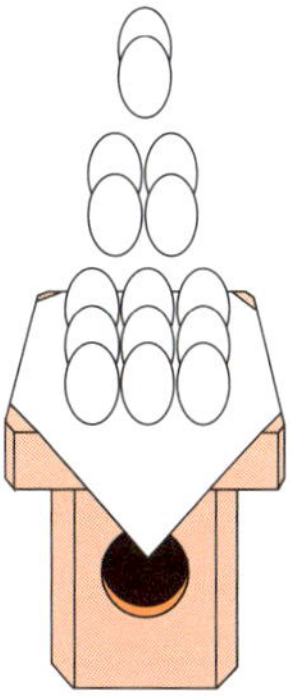

稲穂の代わりにススキを飾る

ススキは月の神様の依り代として飾られます。本来なら稲穂を供えたいのですが、稲刈り前に当たるため、代わりに稲穂に似たススキをお供えするようになったとされています。

月には「カニ」がいる？

お月様にはウサギがつきもの。月の黒い部分がそう見えるからというのが一説ですが、海外では「カニ」や「犬」といわれることも。どんな形に見えるのか、考えながらお月見をするのもいいですね。

酉の市

酉の市では開運のために縁起物が売り出されるよ。

新年の縁起物を買う市

日本各地の鷲《おおとり》神社（大鳥神社、大鷲神社、鷲神社）では、毎年11月の酉の日に「お酉様」という祭礼が行われます。この日にはにぎやかな市がたつことから「酉の市」とも呼ばれています。

鷲神社はもともと武運の神様として、武士の信仰を集めていましたが、江戸時代に祭礼の市で農耕具を並べたところ、「福をかき込む」「金銀をかき集める」とされ、特に熊手が人気となりました。以来、鷲神社は商売繁盛や開運の神として広く信仰されるようになりました。

現在でも酉の市では熊手が名物で、ほかにも七福神や宝船、黄金餅（粟餅）や八つ頭（里芋の一種）などの縁起物が売られます。新年の開運招福、商売繁盛を願うお祭りとして賑やかに開かれるので、行ってみましょう。

熊手はどんどん値切る

熊手は「安く買うほど縁起がいい」とされています。遠慮せず、どんどん値切りましょう。商談が成立したら、お店の人が威勢よく三本締めをしてくれるのも、酉の市ならではの光景です。

安くなった分はご祝儀

値引きをして、そのまま安く買うのは野暮です。最初の値段との差額をご祝儀として渡しましょう。買う側は御大尽気分を味わい、売る側は儲かった気分になる。何とも粋な買い方です。

熊手は前年より大きく

酉の市ではさまざまなサイズの熊手が売られています。前年に買ったものよりもひと回り大きなものを買うと、商売がより繁盛するとされています。古い熊手も、酉の市で引き取ってもらえます。

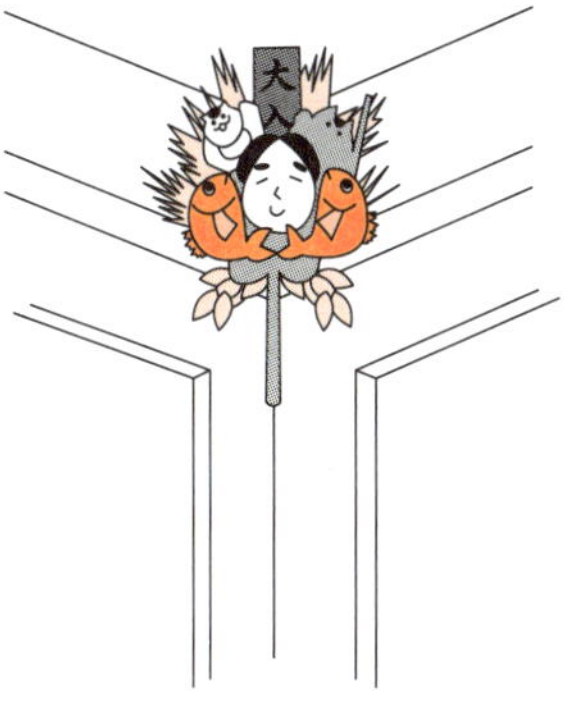

北向きに飾らない

外から福やお金をかき込むということで、一般的には家の奥の高い場所から玄関に向けて飾ります。また、飾る向きによっていろいろな運に恵まれるともいわれます。ただし、北向きはNGです。

火の用心を促す言い伝え

11月の酉の日は1年に二度、三度くる場合があります。「三の酉がある年は火事が多い」といわれます。これは、三の酉の頃は寒さも増すことなどから、火に対する戒めだったと考えられています。

大晦日

大晦日は1年を締めくくる日。家族で1年の反省や新年の抱負を語ろう。

ゆとりをもって過ごそう

「晦日」は毎月の最終日のこと。1年の終わりでもある12月31日は「大晦日」と呼ばれます。1年を締めくくる大事な日ですので、お正月の準備は早めに済ませて、ゆとりをもって過ごしましょう。

昔は下着から足袋や下駄まで、お正月にはすべてを新しいものに取り換えていました。現在では新品の衣類を用意する必要はありませんが、大晦日に入るお風呂「年の湯」に浸かって1年の汚れを落とし、清潔なものを身に着けて新年を迎えましょう。

大晦日の夜に欠かせないのが年越しそばです。家族そろっていただき、1年間の反省と新年の抱負を語り合う時間にしましょう。

除夜の鐘が鳴り終わったら新年の挨拶を。待ちに待ったお正月の始まりです。

除夜の鐘は108回

午前零時を前に、お寺では除夜の鐘が鳴らされます。人間の108の煩悩と同じ回数鐘をついて、煩悩を消していくといわれています。参拝客が鐘をつけるお寺もあるので、調べてみましょう。

そばに長寿を願う

そばのように、「細く長く生きられますように」と願いを込めて、年越しそばを食べましょう。薬味のネギは神社の「禰宜《ねぎ》」という役職と同じ発音のため、厄払いの役割があります。

そばは午前零時までに

除夜の鐘を聞きながら、年をまたいで年越しそばを食べる人もいますが、一般的に年を越してから食べるのは縁起が悪いとされています。午前零時までには食べ終わるようにしましょう。

年越しは起きて迎える

かつて大晦日は、寝ないで年神様を待つ日だとされていました。いつもは「早く寝なさい」と怒られてしまう子どもたちも、この日ばかりは堂々と夜更かししてもいいのかもしれません。

そのほかの大晦日のしきたり

京都の八坂神社では、清めの火を吉兆縄に分けてもらい、ぐるぐると回しながら家へ持ち帰る「おけら参り」が有名です。この火でお雑煮を作ると、1年間無事に過ごせるといわれています。

第6章

贈答・手紙のしきたり

お中元やお歳暮、年賀状など、
日本人は1年を通してたくさんの
贈り物をしているよ。
感謝の気持ちを込めた贈り物が人と人、
家と家のつながりを作っていくんだね。

お中元

お中元は日頃の感謝を伝える1つの方法だよ。

お中元には季節の贈り物を

日頃お世話になっている人に、夏のご挨拶として贈るのがお中元です。

贈る時期は、関東では7月初旬から7月15日までの間。関西では7月下旬から8月中旬にかけて。もともとは、中国の道教で1月15日を上元、10月15日を下元と呼び、7月15日が中元とされていました。

品物は、そうめんやジュースといった夏らしい食品や、家族みんなで楽しめるお菓子などが人気です。

親しい人へは洗剤などの実用品、お酒が好きな人にはビール券なども喜ばれます。

お中元は正式には持参するのがマナーですが、最近は百貨店などから直接送っても失礼にはなりません。配送するときは、その旨を記した挨拶状も必ず郵送しましょう。

贈る時期に注意

季節に合わせた心遣いを贈るお中元。表書きは「御中元」「暑中御伺」「暑中御見舞」が定番です。時期を過ぎてしまった場合には「残暑御見舞い」として届けましょう。

お中元とお歳暮

お中元を贈った人にはお歳暮も必ず贈ります。お世話になったお礼や、日頃の感謝の気持ちを挨拶状にしたためましょう。また、1年に一度だけ贈り物をするのであれば、お歳暮だけにしましょう。

お返しにお礼状を

お中元にお返しの品は必要ありません。しかし、到着した知らせとして早めにお礼状を出しましょう。夫に代わり妻がお礼状を書く際には、署名は夫の名前で、横に「内」と書くことを忘れずに。

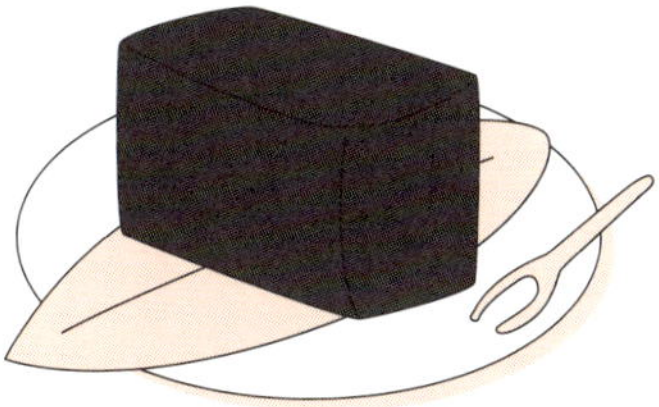

言葉遣いは控えめに

挨拶状に書く品物を選んだ理由が長すぎると恩着せがましい印象に。また「つまらないものですが」といったへりくだった姿勢もよくありません。「ささやかですが」「心ばかりですが」などを使います。

中元は中国から

中国三大宗教の1つ、道教の行事で7月15日に行われていたお祭りが由来します。祖先の魂を祭るために一族が親元に集まった際、それぞれが持ち寄った捧げものがお中元の起源となりました。

お歳暮

ワインやお酒、調味料やお菓子、カタログギフトなどが人気だよ。

年の瀬の感謝を込めたご挨拶

お歳暮はお中元よりも大事な贈答のしきたりです。日頃の感謝の気持ちが、贈り物に反映されます。

贈る相手に届く時期が、12月初旬から25日くらいまでの間になるように手配します。品物はお中元よりも少し高価なものを用意しましょう。ハムやソーセージ、洋菓子、ビール、食用油などが定番の品になっています。

そもそも、お歳暮は年神様や祖先の墓に供えるために米や塩鮭を贈ったのがはじまり。現代では、1年の締めくくりにお世話になった人へ感謝の気持ちを込めて贈ります。正月用の生鮮品などは、年の瀬に届けることもありますが、年内に届けられない場合は、表書きを「御年賀」「寒中御見舞」にすることを忘れずに。

目安となる金額

親族や家族には3千円前後、仲人や会社関係の人などお世話になった人には5千円前後で用意します。お中元より少し高くしましょう。表書きは「御歳暮」「献上」「御年賀」「寒中御伺」とします。

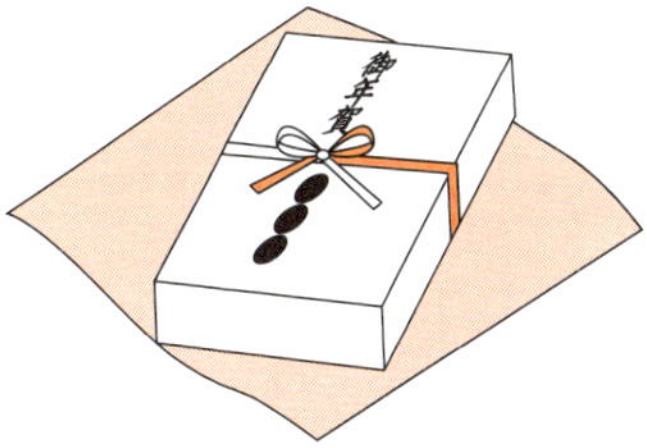

喪中の人には寒中見舞い

お歳暮を贈りたい相手が喪中の場合、新年の1月5日過ぎに「寒中見舞い」として贈りましょう。お歳暮と違い、水引やのしは使わず、「寒中見舞い」と書いた白地の紙を使います。

挨拶の文面は？

具体的にお世話になったことや日頃の感謝、品物名やその品物を選んだ理由を簡単に書きます。珍しい品物を贈ったときは食べ方や使い方を説明してもいいでしょう。

お礼状は年賀状とは別に

お歳暮をいただいたら、すぐにお礼状を出しましょう。忙しい年末でもお歳暮のお礼状と年賀状を兼ねるのはマナー違反となります。品物でのお返しは不要です。

お歳暮の由来

もともとは日本古来の行事である、先祖の霊を迎えてお供え物をして祀った「御霊祭り」が起源。分家から本家に、嫁ぎ先から実家に、使用人から雇い主などへお供え物が贈り届けられたことに由来します。

贈答品の包装

御祝

包装は真心を伝えるもの

風呂敷やふくさは品物を渡す直前に手早くたたむんだよ。

日本には昔から「包む」文化があります。これには贈り物を傷や汚れから守る実用的な役割のほかに「真心を包む」という意味も込められています。慶事や弔事の際、ちょっとした感謝の気持ちを込めて贈り物をするときは、「包む」作法も一緒に楽しみましょう。

具体的にはご祝儀袋やお土産をそのまま渡すのではなく、ふくさや風呂敷で持参するなど、より真心が伝わりやすい方法を選びます。フランクなお付き合いには紙袋でもかまいません。マナーに添って、ちょっとした手を掛ける、そんな工夫と心遣いが喜ばれます。

風呂敷の包み方にはいろいろなものがありますが、基本は3パターン。重ねてたたむだけ、結び目を1つ作る、結び目を2つ作るの3つです。移動距離や運ぶものの頑丈さで使い分けましょう。

取り出す作法

挨拶を済ませたら風呂敷（紙袋）から品物を取り出して、包みを素早くたたみます。のしを相手に向けて渡します。和室では下座に包みを置き、洋間ではソファや膝の上で包みを開くようにします。

目的別に包みを選ぶ

ご祝儀袋の素材や水引は、贈る目的や金銭に合わせて選びましょう。また、ふくさや風呂敷なども季節に合わせた色柄や素材を使用しましょう。あらたまった席では家紋入りの無地のものが無難です。

のしは慶事に使う

のしは慶事の贈り物に使うもので、弔事の贈答や不祝儀袋、病気のお見舞いなどにはつけません。のしにはさまざまな種類がありますが、厳密な決まりはありません。

水引は5本が基本

水引の本数は5本が基本。5本は陰陽五行説に起源があるとする説のほかに、手の指の5本を表しているという説もあります。結婚のように2度繰り返したくないものはほどけない「結び切り」を使います。

水引、のしの起源

水引は古代の神事の供え物を束ねるのに使われた紐に由来しています。のしは慶事の贈答に鮑（あわび）などの海産物を用いた名残で、和紙を折ってのし鮑に形を似せた「折りのし」として定着しています。

手紙

ボールペンや茶封筒は事務的な印象を与えるから避けよう。

気持ちを正しながら書く

お礼状や挨拶状に手紙を送りましょう。目上の人に送る場合、紙は白無地に縦書きの便箋が原則です。親しい相手やちょっとしたお礼状であれば、横書きの便箋を使ってもかまいません。

封書の手紙をもらい、返事が必要なときは1~2週間以内を目安に封書で返事を送ります。

普段から手紙を書き慣れていないと戸惑うことも多いかもしれません。たとえば、書き損じてしまった場合、修正テープを使うのはマナー違反です。書き損じないように気持ちを正しながら書きましょう。

また、切手も手紙の印象を左右します。普通切手と呼ばれる切手が一般的ですが、相手によっては珍しいデザインの特殊切手を貼ると喜ばれるかもしれません。

手紙の構成

前文

拝啓
行く年を惜しみながら新しい年に
思いを馳せるこの頃。池田様におかれ
ましては健やかにお過ごしのことと
存じます。

主文

さて日ごろは何かといたらぬ私に
お心遣いいただき、感謝しています。
○○○○○○○○○○○○○○○○
○○○○○○○○○○○○○○○○○
○○○○○○○○○○○○○○○○○
○○○○○○○○○○○○○○○○

末文

それでは新年にお目にかかれます
ことを楽しみにしております。
略儀ながら歳末のごあいさつまで。
敬具

後付

平成○年十二月二十五日
青木牧子
池田真実様

手紙は「前文」「主文」「末文」「後付」の４つの内容から構成されます。前文は頭語や時候の挨拶、主文は用件、末文は結びの挨拶と結語、後付は日付、署名、宛名を書きます。

宛名の書き方

宛名は受け取った人が手紙から受ける第一印象になります。上下左右に1cmほどの余裕を持ち、楷書で大きな字で書きます。目上の方や改まった内容は、縦書きの和封筒を用います。

慶事と弔事の手紙

結婚式などの儀礼的な連絡には白い洋封筒を使います。弔事には繰り返して欲しくないという意味を込め、一重の白封筒を使います。

封じ目を使い分ける

封筒の裏側、封じ目には「〆」「封」「緘」などを書きます。「〆」を使われることが多いですが、「×」に見えないように気をつけましょう。女性のみ「蕾」も使え、お祝いごとには「寿」「賀」を使います。

はがき

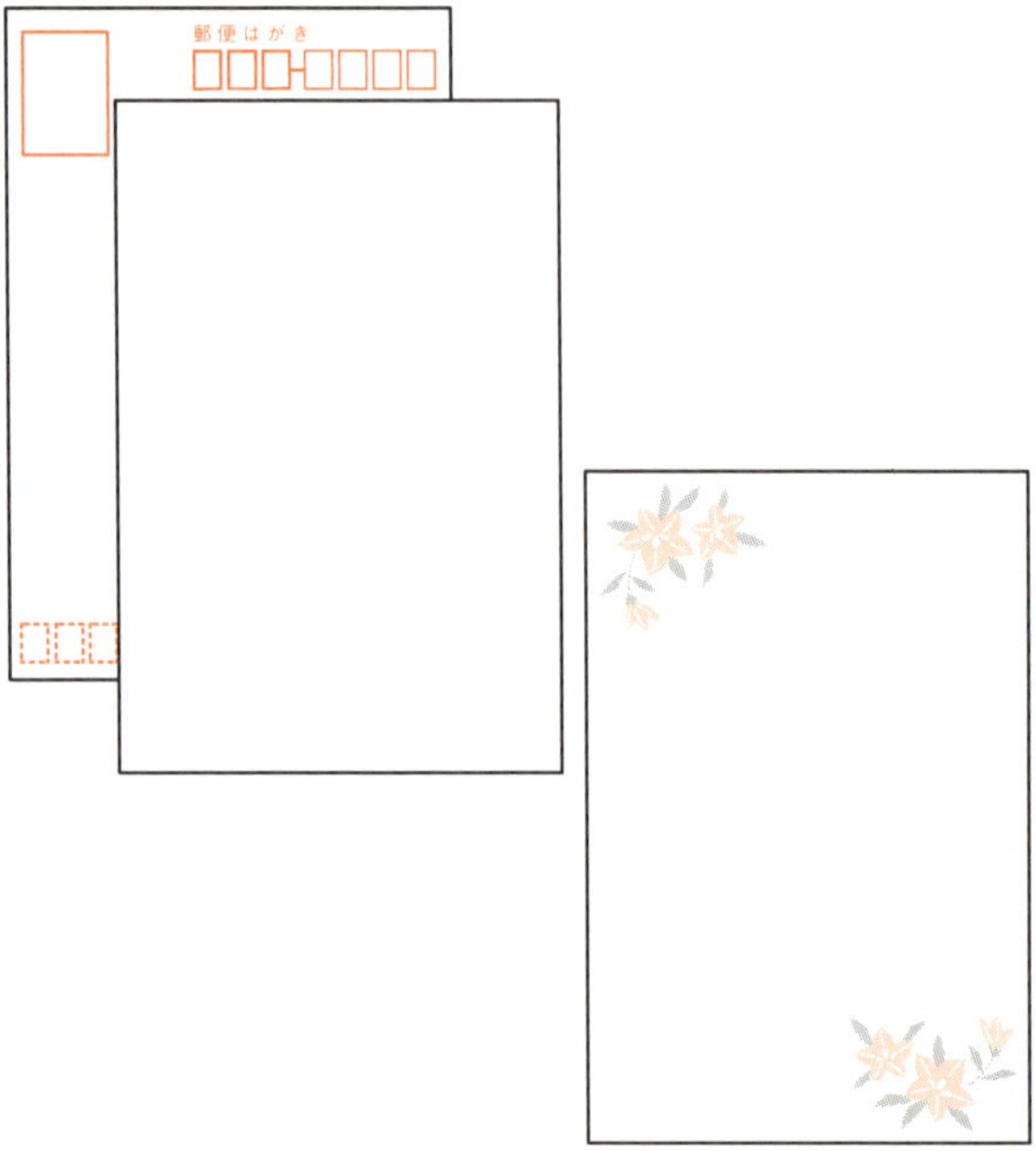
郵便はがき

相手や内容別のはがき選び

封書で送られてきたものは、はがきで返信してはいけないよ。

急な用件や事務的な連絡には、はがきを活用しましょう。

手軽なはがきは親戚や友人など親しい人へのお礼状、挨拶状などに向きます。文面の構成は手紙と変わりません。手紙とは違い、スペースが限られている分、改まった挨拶を省くなどして、簡潔な内容を心掛けます。文字を小さくしすぎるのは、相手が読みづらくなるため、好ましくありません。

目上の人や改まった内容には、表書きも裏書きも縦書きにします。

また手紙と違い、はがきの文面は相手の家族の目にも触れるもの。文面への一層の配慮が必要となります。お中元、お歳暮の送り状やお礼状、暑中見舞いなどの季節の挨拶状、引越しや転勤の通知などの場面でも活躍します。

返信はがきの書き方

御出席　させていただきます
ご結婚おめでとうございます
御欠席
喜んで出席させていただきます

どちらかを◯で囲んでください。

御芳名　飯岡健二
御住所　東京都練馬区○○○

「御出席」「御欠席」などの「御」、「御芳名」の「芳」は、受け取り手側に敬意をあらわす接頭辞なので、返信時には二重線で消しましょう。出席か欠席を◯で囲み、一方は二重線で消します。お祝いの言葉も添えましょう。

はがきの種類と用途

官製はがきはどんなシーンにも使えます。絵柄の入ったものは季節に合わせて使い分けましょう。絵はがきは旅行先などから気の置けない人へ。往復はがきは同窓会の開催通知などで使われます。

表書きの書き方

中央に大きく宛名・敬称を書きます。住所は縦書きならば郵便番号枠から1～2cm下に。横書きの場合には切手の1～2cm下からスタートしましょう。差出人の住所と名前は控えめに。

はがきでも挨拶を忘れずに

日常会話でも、顔を見て早々に用件を切り出すことはあまりありません。はがきや手紙の世界でも同様です。前文のあと主文に入ることを心掛けましょう。

時候の挨拶

拝啓
敬具

手紙の書き出しは季節の行事や草花の様子、気候について書くといいよ。

相手を気遣う挨拶を入れる

手紙は送る相手や緊急度に応じて、頭語と結語を使い分けます。頭語と結語には組み合わせがあります。間違えないように左ページの表を確認しながら使いましょう。

また、頭語に続いて書くのが「時候の挨拶」です。改まった手紙では「春暖の候」「陽春の候」といったような漢語調の時候の挨拶が適しています。同じ季節でも間柄や内容によって使い分ける工夫をしましょう。

時候の挨拶は、相手の身体を気遣った表現や体調を心配するような言葉が多く、暑さや寒さに関する憂い、気分の落ち込みが強調されがちです。しかし、季節ならではの喜びや味わいを散りばめることでより楽しく、心のはずむ便りとなることでしょう。

左ページの表を参考に季節に合わせて使い分けてみましょう。

類語と結語／時候の挨拶

頭語と結語の組み合わせ

状況	頭語：結語
通常	拝啓：敬具／拝呈：拝見
丁重	謹啓：敬具・謹言／奉啓：謹上
急用	急啓：敬具・敬白・拝具／急白：敬具・敬白・拝具
前文省略	前略：草々（早々）／冠省：草々・不一・不備
再発信	再啓：敬具／再呈：敬具
返信	拝復：敬具・敬白／貴簡拝読：敬答

時候の挨拶集

1月	新春の候、厳冬の候、新春のお慶びを申し上げます、寒さ厳しい折柄	7月	大暑の候、猛暑の候、厳しい暑さが続きますが
2月	残冬の候、立春の候、寒さがまだまだ厳しい昨今ですが	8月	残暑の候、残夏の候、暑さも峠を越したように感じられます
3月	早春の候、春暖の候、日増しに暖かさを感じる季節になりました	9月	秋分の候、秋涼の候、朝夕めっきり涼しくなりましたが
4月	陽春の候、桜花の候、春もたけなわの頃ですが	10月	紅葉の候、秋冷の候、紅葉の季節となりました
5月	新緑の候、立夏の候、風薫る心地のよい季節となりました	11月	晩秋の候、向寒の候、秋気いよいよ深まってまいりました
6月	梅雨の候、初夏の候、いよいよ梅雨に入りましたが	12月	初冬の候、師走の候、師走の慌ただしい季節となりました

お詫びやお見舞いの手紙では、時候の挨拶は書かずに本題に入りましょう。

年賀状

あけまして
おめでとうございます
今年もよろしく
お願いいたします

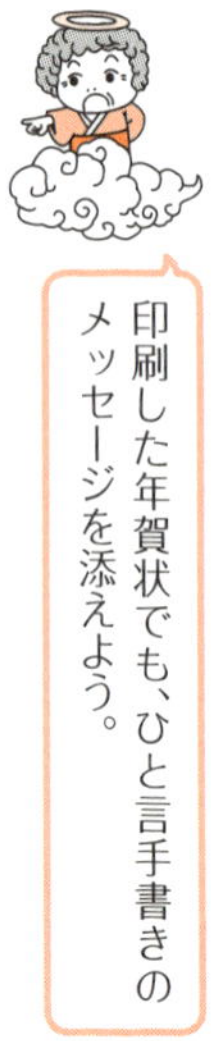
印刷した年賀状でも、ひと言手書きのメッセージを添えよう。

日頃の感謝と新年のご挨拶を

日頃お世話になっている人への新年の挨拶である年賀状。元日に着くように、前年から早めに準備します。

「謹賀新年」「あけましておめでとう」といった新しい年を祝う文面や写真の選別は、送る相手によってふさわしい形式を考えましょう。年賀状は通常の手紙やはがきと違い、頭語が必要ありません。「賀正」「謹賀新年」などと書き出しましょう。

内容は、簡潔に自分の近況を知らせ、相手の近況や安否を尋ね気遣う文章にします。伝える近況は暗い話題にならないようにします。

印刷された年賀状を使う場合にも、ひと言手書きのメッセージを添えましょう。

また、相手が喪中だと知らずに年賀状を送ってしまったときは、すぐにお詫びの連絡を入れましょう。

1月7日までに送る

贈る時期は1月1～7日まで。遅れないよう気をつけましょう。謹賀新年・賀正・迎春などの賀詞《がし》は、1つだけ使うのがマナー。目上の人には「寿」「賀正」など1～2文字の賀詞は避けます。

日付、英語にも注意

「元旦」は1月1日の朝のことなので、日付と一緒に使うと重複となります。「A happy new year」は「よいお年を」という意味で使われるため、新年に届けられる年賀状には「Happy new year」が正式な表現です。

喪中は年賀欠礼

身内に不幸があった年は、新年の年賀状も「年賀欠礼」のはがきを送って辞去します。形式の決まった欠礼用のはがきを用い、11月末～12月初旬までに着くように発送します。

自宅を訪問する

両親や会社の上司など、特にお世話になっている目上の人には年賀状だけではなく、新年の挨拶に伺いましょう。元旦を避けて2日以降に、先方の都合を確かめてから訪問します。

もともとは直接会っていた

本来年頭には、祝賀を交換する習わしがあり、やがて祝賀のために元旦に目上の人などの家々を回るようになりました。直接行けない人は、手紙を送り、これが現在の年賀状の習慣に引き継がれています。

暑中見舞い

暑中お見舞い申し上げます

暑中お見舞い
申し上げます

夏らしい絵柄の挨拶状を

夏らしい便りは暑さも吹き飛ばして、元気をもらえるね。

暑中見舞いは、夏の時期の挨拶状。暑さの厳しい季節、健康を気遣い、故郷の両親や親類、お世話になった人に送ります。

暑中見舞いを送る時期は、7月7日頃（二十四節気の小暑）から8月8日頃（立秋）にかけて。しばらく会っていない相手にはこちらの近況を伝え、相手の体調を気遣う言葉を添えましょう。

年賀状同様、暑中見舞いでも拝啓や謹啓といった頭語は必要ありません。「暑中お見舞い申し上げます」と書き始め、日付か「〇〇年盛夏」で締めくくります。

夏休みとも重なるので、旅行先から旅先の感想を添えて送ることも。暑中見舞い用の官製はがきや、現地でしか扱われていない夏らしい絵柄のはがきを送れば、もらってうれしい涼やかな夏の便りとなるでしょう。

二十四節気が目安になる

二十四節気は、古代中国で考えられた季節をあらわす節目。太陽の動きや天候、生き物の様子などで1年を24等分したものです。「立春」「立秋」「夏至」「冬至」などの四季の節目となっています。

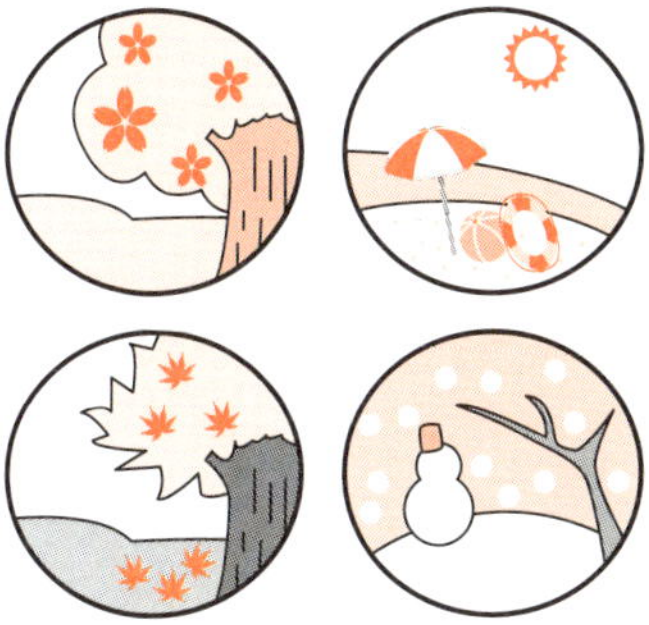

体調を思いやる一言を

書き出しは「夏もいよいよ本番ですね」「蝉の鳴き声もにぎやかになり」などの季節を感じる言葉にします。近況やメッセージを伝えたら、結びは相手の体調を思いやる言葉でまとめましょう。

相手に合わせた返事

親しい人には電話や直接会ってお礼を伝えてもいいでしょう。夏の間に会う予定のない相手には、近況報告も兼ねて返事の手紙を送ります。直接顔を見て話したい、といった旨を伝えてもいいでしょう。

残暑見舞いのタイミング

立秋を過ぎたら、「残暑見舞い」に切り替えます。書き出しは「残暑お見舞い申し上げます」にします。暑中見舞いの返事が遅れた理由とお詫びを添えれば相手の気持ちも損ねません。

贈答が簡略化された

暑中見舞いはもともとお盆の贈答が簡略化されたものです。本来は直接訪問していたのですが、後に手紙で済ませるようになった習慣が現在の暑中見舞いです。

忌み言葉

手紙を書くときには内容だけでなく言葉にも気をつけたいね。

言葉のタブーを避ける

「忌み言葉」とは慶事や弔事の際に〝縁起が悪いから使ってはいけない〟とされている言葉。心を込めて書いた手紙も、不用意に忌み言葉が使われていると、受け手の心象や信頼を損ねることがあります。死や病気、別れ、火災など、不幸や災いを連想させる言葉には気を配り、別の表現に書き換えるようにしましょう。

見落としがちではありますが、結婚のお祝いやお見舞い、お悔やみの手紙では繰り返すことをイメージさせる「重ね言葉」にも気をつけましょう。

忌み言葉は、日本独特の言葉が霊力を持つとされる言霊信仰から作られたもの。山言葉や沖言葉といった言い方もあります。昔は、縁起の悪い言葉を発するとその言葉にひかれて不運が訪れると思われていました。

場面別の忌み言葉

場面	タブーとされる言葉	タブーとされる理由
婚約・結婚	別れる、壊れる、終わる、流れる、代える、枯れる、重ね重ね、返す返す、再三	●別離や関係が壊れること ●結婚を繰り返すことを連想させる
出産	落ちる、流れる、失う、消える、逝く、崩れる、死、四、痛ましい、弱い	●流産・死産子どもの死を連想させる
お見舞い	長引く、寝つく、死、苦、続く、長い、重ねて、再度、さらに、繰り返す	●病気や怪我、災難が長引いたり、繰り返すことを連想させる
弔事	いよいよ、しみじみ、やっと、次々、近々、追って、死ぬ、生きる、喜ぶ、嬉しい	●不幸の繰り返しをイメージさせる重ね言葉や、喜ぶなどの不適切な言葉
長寿	終わる、倒れる、落ちる、朽ちる、切れる、枯れる、寝つく、苦、死、病気	●死や病気のほか、寝つく、衰えるなどの健康に不安を抱かせる言葉
入学・入社	すべる、消える、変更、中止、取り消す、流れる、落ちる、くよくよ、ますます、敗れる	●先行きの不振をイメージする言葉 ●お祝いに水を差すような言葉
新築・開店	燃える、焼ける、火、煙、傾く、倒れる、壊れる、つぶれる、失う、閉まる、負ける	●火災や災害を連想させる言葉 ●経営不振や倒産を思わせる言葉

おわりに

「しきたりなんて知らなくても生きていける」かつて、私もそう思っていました。

そんなことを考えていた矢先、子どもが生まれました。それからは夫の両親から「お宮参りの神社はどこ？」「お食い初めの祝い膳は用意できてるの？」などと子どもの成長に合わせて聞かれ、そのたびに困惑するばかり。

その後も、お中元やお歳暮などの贈答品のマナーや葬儀に参列した際の振る舞いまで、次々にわからないことが出てきました。

そんなモヤモヤがすっきり晴れたのは、「しきたり」と出会ったからです。

この本を読んでくださったあなたが、これからしきたりと向き合っていこうと考えているとしたら、まずは1年ぐらい先までの予定を考えてみましょう。そこでどんなしきたりと出会うのかを整理してみると、今自分に必要なしきたりがわかります。

まずは必要なしきたりだけでもいいのです。気になることから調べてみて、あとは必要に応じて覚えていきましょう。

気負わずに、自分のペースで続けていくと、できることが少しずつ増えて生活が楽しくなるはずです。

みなさんの生活がより楽しくなることを願って。

青木牧子

2017年9月吉日

青木牧子（あおき・まきこ）

マナープロデューサー。埼玉県生まれ。

両親の趣味のため幼少期より茶道、華道に親しみ育つ。食品メーカー勤務を経て、独立。

現在は「おもいやりとおもてなし」をテーマに、マナー講座、セミナーやイベント、コンサルティングを行っている。

好きな食べ物は小倉トースト。

結婚したら知っておきたい
日本のしきたりBOOK

2017年10月5日　初版発行

著　者　青木牧子
発行者　野村直克
発行所　総合法令出版株式会社
〒103-0001 東京都中央区日本橋小伝馬町15-18
ユニゾ小伝馬町ビル9階
電話　03-5623-5121
印刷・製本　中央精版印刷株式会社
落丁・乱丁本はお取替えいたします。

ISBN 978-4-86280-574-4
総合法令出版ホームページ　http://www.horei.com/